OBRAS DEL AUTOR

EL VENDEDOR MAS GRANDE DEL MUNDO
EL SECRETO MAS GRANDE DEL MUNDO
EL MILAGRO MAS GRANDE DEL MUNDO
HACIA UN EXITO ILIMITADO
EL DON DE LA ESTRELLA
Og Mandino y Kaye Body
OPERACION JESUCRISTO
EL EXITO MAS GRANDE DEL MUNDO
LA UNIVERSIDAD DEL EXITO
DE OG MANDINO

LA ELECCION
MISION ¡EXITO!
EL MEMORANDUM DE DIOS

EL VENDEDOR MÁS GRANDE DEL MUNDO

Segunda Parte

OG MANDINO

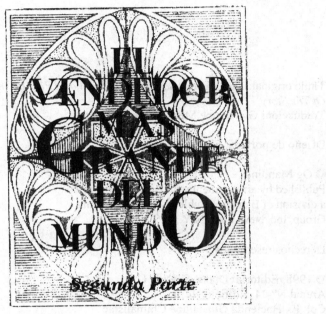

El Vendedor Más Grande del Mundo

Segunda Parte

El Fin
de la Historia

Incluye
Los Diez Compromisos del Éxito

EDITORIAL DIANA
MEXICO

Título original: *The Greatest Salesman In The World Part II The End Of The Story*
Traducción: Guadalupe Meza Staines de Gárate

Diseño de portada: Sergio Ávila

© Og Mandino
Published by arrangement with Bantam Books,
a division of Bantam Doubleday Dell Publishing
Group, Inc. New York, N.Y., U.S.A.

Derechos reservados

© 1998, Editorial Diana, S.A. de C.V.
Arenal N° 24, Edificio Norte,
Col. Ex Hacienda Guadalupe Chimalistac
C.P. 01050, México D.F.
www.diana.com.mx

Primera edición: agosto de 1988
Nonagésima impresión: febrero de 2007
ISBN: 968-13-1858-7

Así está escrito: Destruiré la sabiduría de los sabios, y desecharé la prudencia de los prudentes.

¿Dónde están los sabios? ¿Dónde los escribas o doctores de la Ley? ¿Dónde esos espíritus curiosos de las ciencias de este mundo?

—Primera carta a los corintios 1:19-20

UNA DEDICATORIA ESPECIAL

Fue mi amado amigo durante doce años y siempre estuvo sentado paciente a mi lado, noche tras noche, mientras yo me atormentaba angustiado pensando cómo darles forma a las frases para convertirlas en párrafos, a los párrafos para convertirlos en páginas y a las páginas en libros.

A menudo, a una hora avanzada de la noche, él dormitaba mientras yo me afanaba inclinado sobre mi ruidosa máquina de escribir, pero nunca con los párpados bien cerrados... como si estuviese haciendo guardia por si acaso yo lo necesitaba.

Discutí con él cientos de problemas de redacción y él siempre me escuchaba con gran paciencia y comprensión. Fueron tantos los personajes y los giros de la trama que surgieron como resultado de mi intercambio de ideas con él que no estoy muy seguro de cómo lograré alguna vez desempeñarme sin su ayuda.

Su sofá especial, cerca de mi escritorio, ahora me parece demasiado grande... y demasiado vacío. Todavía tengo que luchar, tratando de contener las lágrimas cuando me olvido y me vuelvo para comentarle algo y entonces me doy cuenta de que no se encuentra en su sitio predilecto y de que jamás volverá a estar ahí.

Slippers, mi viejo perro de caza, te echo tanto de menos, y si este libro llega a publicarse alguna vez, además de otros en el futuro, sólo será porque sé muy bien que estás allá en tu propio sofá celestial, todavía animando y ladrándole a tu viejo camarada.

Este libro esta dedicado a ti, con todo mi amor, muchachito...

Og

OG MANDINO RECUERDA...

Excepto porque Mickey Mantle bateó el jonrón número quinientos de su carrera, el doctor Christian Barnard practicó su primer trasplante de corazón en todo el mundo y Barbra Streisand cantó en el Parque Central, 1967 no fue un año muy bueno.

Tuvieron lugar disturbios raciales en Cleveland, Newark y Detroit. Las naciones israelí y árabe entablaron una sangrienta guerra de seis días. La República Popular de China hizo explotar su primera bomba de hidrógeno. Los aviones norteamericanos bombardearon Hanoi y tres astronautas norteamericanos se quemaron y murieron en la plataforma de lanzamiento.

En medio de todos esos temores y zozobras y mientras el mundo se tambaleaba al borde de la extinción, yo disfrutaba, ese otoño, de un maravilloso momento de orgullo que jamás olvidaré, cuando al fin tuve en mis manos un ejemplar de la primera edición de mi pequeño libro, *El vendedor más grande del mundo.*

El hecho de que publicaran mi libro en un año tan caótico y en competencia con nuevos libros tan formidables, escritos por gente como Gore Vidal, Isaac Bashevis Singer, Thornton Wilder, William Golding y Leon Uris, no presagiaba nada bueno para mi primer intento de escribir un libro de ficción. Mi parábola acerca de un niño camellero en la época de Cristo, una categoría de lo más inverosímil en cualquier época, parecía destinada a sufrir el mismo olvido que la mayoría de los miles de otros nuevos libros que salieron a la venta ese otoño, a pesar de los heroicos esfuerzos de Frederick Fell por publicar lo que él insistía era uno de los libros[7] más importantes que había publicado en veinticinco años.

Y entonces sucedió un milagro, en realidad, fueron dos milagros. W. Clement Stone, pionero de los aseguradores, a quien le había dedicado el libro en señal de gratitud por su ayuda y su amistad, se sintió tan conmovido por la historia, que pidió diez mil ejemplares de *El vendedor más grande del mundo* para distribuirlos entre todos los empleados y accionistas de su vasta empresa, Combined Insurance Company. En esa misma época, Rich DeVos, cofundador de Amway International, empezó a aconsejarles a sus miles de distribuidores, en sus discursos pronunciados por todo el país, que deberían aprender y aplicar los principios del éxito incluidos en el libro de Og Mandino.

Esos dos influyentes líderes sembraron muy bien sus semillas. Incitadas por un creciente grupo de lectores que en forma espontánea contribuyeron a una de las campañas más extensas de comunicación verbal en toda la historia de la publicación de libros, las ventas del libro aumentaban cada año, con gran deleite y sorpresa de mi parte. Para el año de 1973 se había registrado una cifra casi sin precedente de treinta y seis impresiones, se habían vendido más de 400 000 ejemplares en edición de lujo y Paul Nathan, de *Publishers Weekly*, lo aclamaba con "el mejor éxito de venta que nadie conoce". Ni una sola vez había aparecido en ninguna de las listas de éxitos de venta de la nación, hasta que Bantam Books adquirió los derechos para la edición de bolsillo, promovió el libro a nivel nacional y publicó su primera edición en el año de 1974.

Constantemente me siento conmovido ante el vasto espectro de lectores influenciados por mi narración de cómo los diez pergaminos del éxito y la felicidad llegaron a estar en poder de un valeroso muchacho camellero, después de que una noche hizo una visita accidental a un establo en Belén. Los convictos me han escrito desde la prisión, comentando que han memorizado todas y cada una de las palabras contenidas en sus estropeados ejemplares de *El vendedor*, los pacientes que tratan de retirarse del alcohol y de las drogas han reconocido que duermen con su libro debajo de la almohada, los principales funcionarios ejecutivos de *Fortune 500* han distribuido miles de ejemplares entre sus subordinados, mientras que las superestrellas como Johnny Cash y Michael Jackson siguen cantando sus alabanzas.

Para quien jamás se imaginó que alguien leería su primer intento de escribir un libro, exceptuando quizá a los miembros más allegados de su familia, es difícil comprender que hasta ahora se hayan vendido más de 9 millones de ejemplares de *El vendedor más grande del mundo*, en diecisiete idiomas, y que en la actualidad se ha convertido en el libro de mayor éxito de venta de todos los tiempos, dedicado a los vendedores de todo el mundo.

A todo lo largo de estos años, en mi correspondencia a menudo he encontrado la sugerencia de que debería considerar la posibilidad de escribir la continuación de mi éxito de venta de dos décadas, ya que, a diferencia de mi famosa creación en la ficción, yo no me he retirado. Durante los años transcurridos desde que el *El vendedor* vio la primera luz del día, me las he arreglado para producir otros doce libros y también he seguido corriendo por todo el mundo, hablando ante vastos auditorios de amigos de *El vendedor más grande* sobre el tema del éxito.

En un principio adopté una actitud totalmente negativa hacia la idea de hacer regresar a mi vendedor para una repetición de su actuación. Cuando escribí ese libro, mi vida y la de mi familia cambiaron para siempre y no quería arriesgarme a producir alguna clase de continuación que pudiera disminuir o dañar al original en cualquier forma. Además, puesto que suponía que para Hafid, mi héroe de la ficción, habían transcu-

rrido veinte años, como a mí me había sucedido en la vida real, en la continuación tendría por lo menos sesenta años de edad, y yo no estaba muy seguro de lo que podría hacer con un hombre tan anciano como él. Pero una mañana, mientras volaba hacia Lisboa, donde iba a pronunciar el discurso de apertura, durante la reunión anual de los principales productores de la North American Company, de pronto me di cuenta de que yo tengo un par de años más que Hafid, y todavía sigo escribiendo y volando alrededor del mundo pronunciando discursos y presentándome en entrevistas por la radio y la televisión, para no mencionar el hecho de que aún soy capaz de enviar una pelota de golf a doscientos treinta metros de distancia. ¡Si yo todavía era capaz de trabajar y de cumplir con mis obligaciones, él también podría hacerlo! Fue entonces cuando decidí que el vendedor más grande del mundo debería abandonar su retiro.

Si usted es un viejo amigo de Hafid, o si éste es su contacto inicial con él, le doy la bienvenida con amor. Lea y disfrute... y que las palabras y las ideas que encuentre aquí aligeren su carga e iluminen su senda en la misma forma en que aparentemente su predecesor lo ha logrado para tantos.

Scottsdale, Arizona

I

En las afueras de Damasco, en un imponente palacio de bruñido mármol, enmarcado por gigantescas palmeras, vivía un hombre muy especial llamado Hafid. Ahora retirado, su vasto emporio comercial antaño no había conocido fronteras, extendiéndose a través de muchas tierras, desde Partia hasta Roma y Bretaña, al grado de que por doquiera era aclamado como el vendedor más grande del mundo.

Para la época en que él mismo decidió retirarse del mundo del comercio, después de veintiséis años de desarrollo y grandes utilidades nunca antes vistos, la inspiradora historia de la ascensión de Hafid, de un humilde camellero hasta su extraordinaria posición de poder y riqueza, ya se había difundido por todo el mundo civilizado.

En aquellas épocas de grandes disturbios y revueltas, mientras que casi todo el mundo civilizado se inclinaba con humildad ante el César y sus ejércitos, la fama y la reputación de Hafid casi lo habían elevado a la posición de una leyenda viviente. Sobre todo entre los pobres y los oprimidos de Palestina, una región limítrofe en la frontera Este del imperio, Hafid de Damasco era honrado en cánticos y poesías como un brillante ejemplo de lo mucho que era posible lograr con la propia vida a pesar de todos los obstáculos y desventajas.

No obstante, para un hombre que había formado un legado tan monumental, acumulando una fortuna de varios millones de talentos de oro, el vendedor más grande del mundo distaba mucho de sentirse feliz en su retiro.

Tal como lo había hecho tantos días a todo lo largo de los pasados años, una mañana, a la hora del alba, Hafid cruzó la puerta posterior de su mansión, pisando con sumo cuidado los mosaicos de basalto pulido, humedecidos por el rocío , y caminó resuelto a través del vasto patio sombreado. Allá a lo lejos se escuchó el canto de un solitario gallo, mientras que los primeros rayos de plata y oro del sol empezaban a irradiar desde el Este sobre el desierto.

Hafid hizo una pausa cerca de la fuente octagonal que se encontraba en el centro del patio e inhaló pro-

fundamente, haciendo un movimiento de cabeza en señal de aprecio al ver la espesa cubierta de botones de jazmín de un tono amarillo pálido que trepaban por los altos muros de piedra que rodeaban su propiedad. Se apretó la faja de cuero que llevaba en la cintura y acomodando los pliegues de su suave túnica de lino, prosiguió su camino con un paso más lento, hasta que cruzó por debajo de una arcada natural de ramas de ciprés, deteniéndose delante de una elevada tumba de granito sin ningún adorno.

"Buenos días, mi muy amada Lisha", susurró apenas, inclinándose hacia adelante y extendiendo el brazo para acariciar suavemente un botón de rosa blanco que brotaba de un alto rosal solitario que guardaba la pesada puerta de bronce de la cripta. Después se retiró hacia su cercana banca de caoba tallada y se quedó mirando hacia la cripta que albergaba los restos de la amante mujer que compartió su vida, sus esfuerzos y sus triunfos.

Hafid sintió la presión de una mano en su hombro y escuchó la familiar y áspera voz de Erasmo, su tenedor de libros y fiel compañero de tantos años, incluso antes de abrir los ojos.

—Perdóname, amo...

—Buenos días, mi viejo amigo.

Erasmo sonrió, apuntando hacia el sol que ahora se encontraba directamente sobre sus cabezas.

—La mañana ya se ha ido, amo; buenas tardes.

Hafid suspiró, moviendo la cabeza.

—Otro de los peligros de la ancianidad. Uno nunca duerme por la noche, siempre se levanta antes

del amanecer y después dormita como un gatito a todo lo largo del día. Eso no tiene lógica, absolutamente ninguna.

Erasmo asintió y cruzó los brazos, esperando escuchar otro sermón sobre lo lamentable que es envejecer. Pero esta mañana no sería como las demás, ya que Hafid de pronto se puso en pie de un salto y caminó a grandes pasos hacia la tumba, hasta colocar la mano sobre la piedra. Después se volvió y en un tono de voz fuerte exclamó:

—¡Me he convertido en un lamentable remedo de ser humano! Dime, Erasmo, ¿cuánto tiempo ha transcurrido, hasta este momento, desde que empecé a llevar esta vida egoísta y aislada, dedicado únicamente a sentir lástima de mí mismo?

Erasmo se le quedó mirando con los ojos muy abiertos y después replicó:

—Ese gran cambio en ti se inició con el fallecimiento de Lisha y con tu repentina decisión de deshacerte de todos tus emporios y tus caravanas, después de darle sepultura a Lisha. Catorce años han seguido su curso desde que decidiste darle la espalda al mundo.

Los ojos de Hafid se habían humedecido.

—Mi valioso aliado y hermano, ¿cómo te las has arreglado para tolerar durante tanto tiempo mi miserable conducta?

El anciano tenedor de libros bajó la vista y se quedó mirando sus manos.

—Hemos estado juntos durante casi cuarenta años y mi amor por ti es incondicional. Te he servido durante tus mayores momentos de éxito y felicidad y

ahora te sirvo con la misma buena disposición, aun cuando he padecido una agonía al ver la muerte en vida que pareces haber elegido voluntariamente para ti. No puedes devolverle la vida a Lisha, de manera que has estado tratando de reunirte con ella en esa tumba. ¿Recuerdas cuando hace muchos años me diste instrucciones para que consiguiera un rosal rojo y lo plantara aquí, al lado de este blanco, una vez que hubieses muerto y te trajésemos aquí a tu último lugar de descanso?

—Sí —replicó Hafid— y no debemos olvidarnos de mis constantes recordatorios de que este palacio y el almacén serán tuyos cuando yo muera. Una insignificante recompensa por tus incontables años de lealtad y de amistad, y por todo lo que te has visto obligado a soportar de mí desde que perdimos a Lisha.

Hafid estiró el brazo y cortando el tallo del solitario botón de rosa blanco, se lo llevó de vuelta a la banca, en donde lo colocó cuidadosamente sobre el regazo de su viejo amigo.

—La autocompasión es la más terrible de las enfermedades, Erasmo, y yo me he visto afligido por ella durante demasiado tiempo. Tontamente me he divorciado de toda la humanidad, a causa de mi inmenso dolor, convirtiéndome en un ermitaño en este mausoleo en donde residimos tú y yo. ¡Ya basta! ¡Ha llegado el momento de cambiar!

—Pero amo, todos estos años no han sido desperdiciados. Tus grandes contribuciones caritativas para todos los menesterosos de Damasco...

—¿Dinero? —lo interrumpió Hafid—. ¿Qué sa-

crificio significaba eso para mí? Todas las personas opulentas tratan de salvar sus conciencias regalando oro para los pobres. Los ricos obtienen tanta satisfacción como los pobres con esas contribuciones, y se aseguran de que el mundo se entere de su magnífica generosidad, que para ellos sólo significa desprenderse de un puñado de céntimos. No, mi querido amigo, no aplaudas mi caridad; más bien, compadéceme por mi renuencia a compartir algo más de mí mismo...

—Y sin embargo —protestó Erasmo— tu reclusión ha logrado algo muy bueno, señor. ¿No has llenado tu biblioteca con las obras de las mentes más excelsas, dedicando incontables horas al estudio de sus ideas y de sus principios?

—Lo he intentado todo, —asintió Hafid— para llenar todos esos largos días y noches, consagrándome a la educación que jamás recibí cuando niño y el esfuerzo me ha hecho abrir los ojos a todo un nuevo mundo de maravillas y promesas, ese mundo que tuve tan poco tiempo de apreciar en mi persecución del oro y el éxito. Aun así, he prolongado mi pesadumbre demasiado tiempo. Este mundo me ha brindado todo lo que podría desear un hombre; ha llegado el momento de que empiece a saldar mi deuda, haciendo todo lo posible para ayudar a toda la humanidad a llevar una vida mejor. Aún no estoy preparado para ocupar mi lugar de reposo final y ese rosal rojo que te pedí que plantaras aquí, cuando yo falleciera, al lado de este blanco que era el favorito de Lisha, tendrá que esperar.

Para entonces, por las mejillas de Erasmo se deslizaban lágrimas de alegría, mientras Hafid proseguía.

—Livio escribió su historia de Roma cuando tenía setenta y cinco años de edad, y Tiberio gobernó el imperio casi hasta los ochenta años. En comparación con ellos apenas soy una criatura... ¡una saludable criatura de sesenta años! Mis pulmones están despejados, mis carnes son firmes, mi visión es excelente, mi corazón es fuerte y mi mente está tan alerta como cuando tenía veinte años. ¡Creo estar preparado para una segunda vida...!

—¡Todo esto es un milagro tan grande! —exclamó Erasmo, alzando la vista hacia el cielo—. Después de años de silenciosa angustia y de un inmenso dolor por tu condición, al fin mis plegarias han encontrado respuesta. ¿Puedes decirme, señor, cuál ha sido la causa de esta sorprendente reacción del hombre que fue tan amado y respetado por todo el mundo?

—Lisha —repuso Hafid sonriendo a medias.

—¿Lisha?

—¿Recuerdas cuántas veces, a todo lo largo de los años, los sueños de Lisha en algún momento se convertían en realidad?

—La información que nos proporcionaba, al despertar, a menudo evitó que hiciéramos tratos de negocios que habrían costado muchas fortunas— asintió Erasmo.

—Esta mañana, mientras dormitaba aquí —prosiguió Hafid señalando en dirección a la banca— soñé con Lisha. Me llevaba de la mano, guiándome a lo largo de las calles de Damasco, y mientras caminábamos me señalaba cuántos entre la multitud parecían

hambrientos, enfermos, heridos o perdidos, pobres o infelices. Escuché su voz, diciéndome con mucha suavidad que yo no podía seguir sin prestar atención a toda esa gente. Me recordó que había legiones como ellos, por todo el mundo, que no tenían a nadie a quien recurrir y que yo no debía cerrar los ojos y pasar por alto su difícil condición, cavando un hoyo en el suelo y ocultándome allí como un gusano.

—Nunca nadie escuchó a Lisha hablándote de esa manera, señor.

—Debo corregirte, Erasmo. No tenía motivo para hacerlo en los viejos tiempos. Pero aguarda, hay algo más que debo decirte de mi sueño. Después me dijo que mi vida estaba a punto de volver a reanudarse, advirtiéndome que mis días de recluso habían tocado a su fin, porque un extraño llamaría a mi puerta, precisamente el día de hoy, y que no debería alejarlo como lo he hecho con tantos en el pasado. Ese extranjero, declaró Lisha, me entregaría la llave para abrir las cerraduras de mi futuro, de un futuro que afectaría muchas vidas. ¿Erasmo? Erasmo, ¿por qué estás tan pálido? ¿Sucede algo malo?

—Te ruego que me perdones, señor, pero en medio de mi alegría ante la sorprendente transformación que se ha obrado en ti, me olvidé de anunciarte que en la biblioteca hay un visitante que aguarda el placer de saludarte.

—¿Un amigo?

—Un extraño, por lo menos para mí. Me informó que su nombre es Galeno, que es de Jerusalén y que quiere hacerte una proposición de negocios.

—¿Por qué no lo despediste, como lo has hecho siguiendo mis órdenes, con todos los visitantes durante todos estos años?

—Había algo especial en este hombre, señor, y no pude decidirme a pedirle que se retirara.

—¿Acaso no sabe que hace ya mucho tiempo que pasaron mis días de escuchar proposiciones de negocios?

—No lo sabe, como tampoco sabe que su presencia ya te ha sido anunciada en un sueño. ¿Todavía deseas que lo despida? —preguntó Erasmo sonriendo al ladear la cabeza con un gesto de astucia.

La risa de Hafid hizo eco por todo el patio, por primera vez en más de una década, mientras los dos amigos se abrazaban y dándose vuelta, se encaminaban hacia el palacio.

—Debemos apresurarnos, Erasmo. Nunca se debe hacer esperar a un sueño.

II

El extraño se encontraba de pie cerca del estanque de pececillos dorados que había en el centro de la inmensa biblioteca, contemplando reverente los miles de rollos de pergamino ordenadamente dispuestos en los anaqueles de nogal que se extendían desde el piso de oscuro mármol hasta un elevado techo realzado por azulejos de mosaicos en tonos azul y oro.

Galeno era un hombre de corta estatura y su cabello blanco, cortado casi al rape, ofrecía un poderoso contraste con sus facciones morenas. A pesar de su falta de estatura, en ese hombre se percibía cierta autoridad sugerente de que se trataba de un hombre acostumbrado a exigir y recibir respeto. Erasmo retrocedió un poco después de presentar al visitante con su amo.

—Me siento muy honrado en conocer, al fin, al vendedor más grande del mundo —manifestó Galeno, inclinándose en una reverencia—. Y me siento abrumado por esta habitación. ¡Qué magnífica colección! Incluso el Emperador Claudio se pondría verde de envidia al verla.

—Es verdad, asintió Hafid orgulloso— aquí puedo consultar con Horacio, Virgilio, Cátulo, Lucrecio y muchos otros hombres que se han visto bendecidos con una visión y una sabiduría admirables. Y en ese muro en el lado Sur se encuentra quizá la única colección completa de las obras de Varro, seiscientos veinte volúmenes en setenta y cuatro libros. Sin embargo, dudo mucho que hayas venido hasta aquí para discutir mi colección, y te pido disculpas por haberte hecho esperar tanto tiempo. Sentémonos aquí —añadió señalando con la mano hacia un diván cuyo respaldo tenía incrustaciones de carey y piedras preciosas.

Dejándose guiar por el decidido tono de voz de Hafid, Galeno abordó de inmediato el propósito de su visita.

—Señor, me han dado a entender que debido al inmenso emporio comercial que antaño controlabas, posees la habilidad de hablar con elocuencia el lenguaje de los judíos, los hebreos y los romanos. ¿Estoy en lo cierto?

Hafid frunció el entrecejo, mirando en dirección a Erasmo, quien encogiéndose de hombros, apartó la vista, mirando hacia otro lado.

—Dudo mucho que mis palabras encierren una gran elocuencia —replicó— pero me he entrenado para cuando menos poder comunicarme en esos tres lenguajes.

Galeno se inclinó hacia su anfitrión.

—Honorable mercader, nos estamos adentrando en una época en la cual la sed de conocimientos de la humanidad parece no conocer límites. Está teniendo lugar una revolución de la mente y el espíritu, encabezada por el hombre común, que ya no se contenta con seguir siendo común. Ahora anda en busca de guía, consejo y enseñanzas sobre la forma de mejorar su suerte en la vida, mediante la sabia aplicación de los talentos que posee desde el momento de su nacimiento. Con objeto de satisfacer esta migración en masa hacia el mundo de la superación personal, miles de maestros y oradores en la actualidad se dedican a viajar de ciudad en ciudad, compartiendo sus conocimientos y experiencias sobre todos los temas posibles... desde la astrología hasta la agricultura y desde las inversiones hasta la medicina, disertando ante grandes multitudes tanto eruditas como ignorantes, en las laderas de las colinas, en gimnasios, foros, teatros e incluso en los templos.

Galeno hizo una pausa en espera de alguna respuesta de su anfitrión, pero al ver que Hafid guardaba silencio, prosiguió:

—Por supuesto, entre toda esa legión de conferencistas hay incontables charlatanes con una lengua de plata que brindan una información del todo inútil, y cuyo mensaje tiene muy poco valor si se le compara con la elevada cuota de admisión que cobran. Por otra parte, hay incontables maestros de oratoria que siguen la tradición de los romanos como Catón y Cicerón, que se basan en toda una vida de luchas y observaciones y que les imparten a sus auditorios valiosas lecciones y técnicas que pueden mejorar la vida de cualquiera. Muchos de los hombres que hacen tales recorridos cuentan con un gran número de seguidores y ganan inmensas fortunas en el estrado.

Hafid alzó la mano, con una paciente sonrisa en sus labios. —Señor, estoy muy bien enterado de la existencia de esos maestros en el arte de la oratoria. Con excepción de los pocos que incitan a los disturbios, aplaudo sus esfuerzos por hacer de este mundo un sitio mejor para todos. Pero, ¿qué tiene qué ver todo eso conmigo?

—Gran vendedor —respondió Galeno— soy un experimentado promotor de exhibiciones, juegos y otros eventos para divertir a las masas. A lo largo de los últimos veinte años he organizado y presentado debates, conferencias, conciertos, lides con recompensas, partidos de lucha, representaciones e incontables carreras a pie y en cuadrigas. Me he presentado en Atenas, Jerusalén, Alejandría, Roma y en cientos de ciudades y poblaciones en todo el mundo civilizado.

—En verdad todo eso es de lo más interesante, Galeno, y me siento muy impresionado, pero ¿cuál es el motivo de tu visita?

—Señor—, se escuchó un ligero temblor en la voz del visitante— me gustaría representar al vendedor más grande del mundo en varias giras de conferencias. Estoy seguro de que con tus antecedentes, debes tener un mensaje de esperanza y éxito que podría cambiar muchas vidas y después de escuchar tu enérgica voz sé que podría pronunciar esas conferencias con la máxima autoridad. Puesto que tu reputación nos garantizaría grandes multitudes en todas partes, quisiera presentarte en los estrados y escenarios de este mundo, a fin de que tengas la oportunidad de instruir e inspirar a los hombres y mujeres comunes en las técnicas necesarias para que puedan hacer que, por lo menos, algunos de sus sueños se conviertan en realidad. Hafid, el mundo necesita desesperadamente tu experta guía.

Transcurrieron varios segundos antes de que Galeno lograra recuperarse de su sorpresa al escuchar que Hafid aceptaba de inmediato su proposición. Después de la comida, durante la cual Hafid relató su extraño sueño de esa mañana y la predicción de Lisha, ambos prosiguieron su discusión ante la amplia mesa de madera de teca que había en la biblioteca, mientras Erasmo se dedicaba a tomar nota de todo.

"Nuestra primera gira —explicó Galeno— sería una breve, pero importante experiencia de aprendizaje mientras te esfuerzas por pulir tu manera de hablar y adquieres algunos de los aspectos fundamentales de una buena oratoria, practicando ante reducidos auditorios. Yo me encargaré de vigilar tus primeros discursos, haciéndote algunas sugerencias sobre la forma de mejorar tu estilo. Si trabajamos en las ciudades y aldeas de las cercanías, eso también te servirá como un periodo de prueba y bastará con las primeras cuatro o cinco conferencias iniciales para ayudarte a decidir si quieres o no continuar hacia las capitales del mundo, en donde las multitudes sumarían miles, en vez de cientos.

—Eso me parece muy considerado de tu parte —sonrió Hafid—. Si voy a ponerme en ridículo, vale más que sólo muy pocos sean testigos de mi fracaso.

—No creo que eso llegue a suceder —rió Galeno—; con tu permiso, partiré mañana por la mañana y empezaré a hacer todos los arreglos necesarios para tus presentaciones en cuatro o cinco localidades, ninguna de ellas a una distancia mayor de una jornada de medio día del siguiente lugar. Después regresaré para acompañarte a lo largo de todo el recorrido. ¿Puedo suponer que el hombre cuyas caravanas cubrían todo el mundo tiene todavía en sus establos un carruaje cerrado y resistente, lo bastante grande para transportarnos a nosotros y a nuestras pertenencias personales, con cierto grado de comodidad?

—Dispongo de un vehículo favorito que quizá necesite algunas reparaciones después de permanecer ocioso durante tantos años. Por supuesto, Erasmo nos acompañará. Este carruaje es lo bastante amplio para que en su interior puedan dormir cuatro personas, y requiere un tiro de cuatro caballos; sin embargo, poseo varios tordos árabes que podrán abandonar su retiro en compañía de su amo. El carruaje fue un obsequio de Poncio Pilatos, el gobernador de Judea, hace por lo menos quince años, cuando le di un buen precio por doscientos valiosos garañones para su caballería estacionada en Cesárea.

—Magnífico. En cada ciudad alquilaré el foro más adecuado para tu conferencia, ya sea que se trate de un teatro, de un gimnasio, de una arena o de una escuela, y reclutaré a la gente necesaria entre los habi-

tantes de la localidad con objeto de lograr una mejor promoción de tu aparición ante el público.

Al fin Erasmo rompió su prolongado silencio:

—Galeno, acabas de mencionar las grandes riquezas acumuladas por algunos de esos oradores viajeros y he esperado con toda paciencia que describas los arreglos financieros que propones para esta empresa.

—Por supuesto. Todos los gastos tales como alimentos, alojamiento, alquiler de las instalaciones para la conferencia y los pagos a todos aquellos que en cada ciudad nos ayuden en la promoción de nuestros programas, se deducirán primero del total del dinero recolectado de las admisiones. Yo retendré el veinticinco por ciento de la suma restante en calidad de honorarios y le entregaré el resto a Hafid. Es el porcentaje normal que cobra la mayoría de los miembros más respetados de nuestra profesión.

—Me parece de lo más justo y equitativo —respondió Hafid—. Pero deberás entregarle todas mis ganancias a Erasmo; él se ha encargado de los cordones de mi bolsa durante muchos años y no veo razón alguna para cambiar nuestros hábitos después de tanto tiempo. Más adelante decidiremos qué obras caritativas se beneficiarán con esas sumas.

—Estaré fuera por lo menos dos semanas —replicó Galeno— disponiendo tu itinerario. Mientras yo estoy de viaje, tú tendrás tiempo para preparar tu conferencia y ensayarla. A decir verdad, los grandes oradores que he conocido me comentan que constantemente están practicando... que cada conferencia es un ensayo de la siguiente... y que las palabras que emplean siempre parecen modificarse a fin de ajustarse a su auditorio, a la noticias importantes del momento e incluso al clima.

Para entonces, Hafid estaba escribiendo a toda prisa algunas anotaciones en un pequeño pedazo de pergamino.

—En lo que se refiere a su duración, Galeno, ¿qué tanto deberé alargar la conferencia?

—No hay ninguna duración prescrita. Estoy familiarizado con un famoso filósofo que tiene fama de hablar durante cuatro horas o más, diciendo muy poco de importancia y no obstante, aún recuerdo haber escuchado hace años a un joven predicador en una montaña cercana a Jerusalén, quien logró conmover a todos los presentes con un discurso de menos de media hora. Te sugiero que escribas un discurso que puedas pronunciar en el lapso de una hora y que después memorices lo suficiente para que ese discurso parezca natural, sin que te veas obligado a leer ningún fragmento. Después de una hora, incluso el más fiel de los auditorios empieza a experimentar una terrible sensación de adormecimiento en el trasero.

Erasmo le dirigió una mirada aprensiva a su amo y preguntó:

—¿Tienes ya alguna idea, en estos momentos, de cuál será el tema de tus discursos ante toda esa gente?

Hafid se puso de pie y empezó a recorrer a grandes pasos el piso de mosaico, como si ya estuviese ensayando.

—A menudo he pensado en todas esas reuniones hace ya muchos años, cuando todos nuestros administradores se reunían aquí, en esta misma habitación,

para analizar conmigo los resultados del año anterior y sus futuras metas. Yo siempre acostumbraba hablarles, no de la calidad de nuestras mercancías ni del volumen que habían alcanzado las ventas, sino más bien de la visión que cada persona tenía del futuro y del grado de control que era posible ejercer a todo lo largo del siguiente año, haciendo el mejor uso de su talento y su potencial. A menudo les hablaba de que había que cambiar, lo cual era doloroso, pero necesario, recordándole a mi gente que siempre estamos creciendo, no importa cuál sea nuestra edad, a diferencia de los lirios del campo, que florecen, se convierten en flores secas y son sepultadas en la tierra o las arrastra el viento. Y constantemente les recordaba a todos las grandes maravillas que podrían lograr siempre y cuando aprendieran a estar en guardia, día y noche, cuidándose del peor enemigo que podrían encontrar... ellos mismos. En nuestros días, sólo se necesita caminar por cualquier calle de Damasco o de cualquier otra ciudad, para atestiguar cuántos hay que han extraviado el camino. Lisha, bendita sea su alma, me los mostró esta mañana en mi sueño. Y por mis propias observaciones, sé muy bien que éste no es un mundo feliz. Hay diez que vierten lágrimas por uno que sonríe. Algo anda mal, muy mal. Dios nos proporcionó a todos los instrumentos necesarios para alcanzar cualquier meta, pero hemos extraviado los planos y los diseños, de manera que lo único que edificamos son casas de dolor. Quizá, a mi manera muy modesta, podré ayudarle a Dios... dejando caer algunos guijarros para señalarles un camino a todos aquellos que andan en busca de una guía, en la misma forma en que alguien, hace ya mucho tiempo, guió mi senda.

III

Y fue así como sucedió que, a una edad en que la mayoría de los hombres se contentaría con sentarse a la sombra en compañía de sus recuerdos, el vendedor más grande del mundo inició una nueva carrera.

Pronunció su discurso inicial en un salón de reuniones que olía a moho, en las afueras de Cesárea Filipa, ante un auditorio compuesto por menos de cien personas. Más tarde, mientras cenaban en una parada para caravanas que se encontraba en las cercanías, Hafid repasó con sus dos compañeros los sucesos de esa noche.

—Tu mensaje —declaró Galeno— fue a la vez enérgico y sencillo y estoy seguro de que los incontables principios del éxito que presentaste tuvieron un gran valor para todos los presentes, sin importar cuál era su condición. Y por supuesto, nadie en ningún estrado puede hablar desde tu posición ¡porque no hay nadie con vida que haya alcanzado tu éxito! Mi corazón se estremece de anticipación cuando considero tus presentaciones, más adelante, en las ciudades más grandes del mundo, como Roma y Jerusalén. Será necesario que hables muchas noches, no importa lo amplios que sean los foros, antes de que podamos satisfacer a las inmensas multitudes que se reunirán para aprender del maestro. ¡Qué pensamiento tan agradable!

Hafid hizo a un lado su plato, sin sonreír y comentó:

—Te suplico que guardes tus alabanzas, Galeno, hasta que en verdad yo las haya merecido. Por el momento, sólo indícame cómo puedo mejorar mi desempeño tan deficiente de esta noche.

—Fue apenas tu primera presentación, Hafid, y no debes juzgarte con demasiada severidad. El arte de la oratoria es una habilidad que no se adquiere tan fácilmente. Esta noche pude darme cuenta de que te olvidaste de varios puntos que pensabas abordar en tu discurso, pero seguiste adelante con tanta serenidad que dudo mucho que alguien en esa habitación se haya dado cuenta de tu error. Quizá desearías considerar la posibilidad de hacer más uso de los movimientos corporales durante tu discurso. De vez en cuando puedes caminar acercándote más a tu auditorio, hacer una pausa y después simplemente darte vuelta, alejándote de ellos sin decir nada. Recuerda que un buen orador es antes que nada un buen actor. Gesticula con los brazos siempre que quieras hacer hincapié en algún punto y sube y baja el tono de voz. Y lo que es más importante, trata de mirar a los ojos a tantas personas del auditorio como puedas, dirigiendo tu vista a una sola persona a la vez, como si estuvieses sosteniendo una conversación privada con cada una de ellas, a pesar de la distancia que haya entre ustedes.

—Hay tantas cosas que debo aprender —declaró Hafid moviendo la cabeza con un ademán entristecido.

—Paciencia, amigo mío, paciencia —recomendó Galeno dándole una palmada en el brazo—. Sé muy bien que no te convertiste en el gran vendedor que eres en un solo día. A lo largo de los años he manejado a cientos de ejecutantes y debo decirte que esta noche me quedé sorprendido al ver tu aplomo y el control que tienes sobre ti mismo. Después de todos los desafíos que has encontrado y superado a todo lo largo de tu vida, el de esta noche probablemente significó para ti una mínima preocupación.

—Por el contrario —suspiró Hafid— no estoy muy seguro de que mi mensaje haya tenido algún valor para toda esa gente. No me dio la impresión de que estuvieran conmovidos por mis palabras y al terminar se escucharon muy pocos aplausos.

—Ya vendrán los aplausos, señor —lo tranquilizó Erasmo— ya vendrán.

Pero los aplausos nunca llegaron. Ni en Betsaida, ni en Chorazin ni en Cafarnaún logró Hafid inflamar el espíritu de sus auditorios.

Su presentación final programada para esa gira

inicial tuvo lugar en la aldea de Nazaret, ubicada en las laderas de una colina, y puesto que se trataba de un cruce de caminos para los viajes, tanto militares como comerciales, Galeno y sus ayudantes habían logrado reunir a casi trescientas personas en el comedor de la única posada del lugar.

Hafid, algunos años después, reconoció de buen grado que su decisión de hablar en Nazaret ejerció una poderosa influencia en el resto de su vida. Después de la lamentable noche en Cafarnaún, cuando tuvo la certeza de haberle fallado a su auditorio, compuesto de pescadores y comerciantes, estuvo a punto de cancelar la parada final que habían programado y regresar a Damasco. Sólo su hábito de jamás renunciar a nada que hubiese iniciado y su incapacidad de pronunciar ni una sola vez la palabra "renuncio", lo impulsó a proseguir el viaje hasta Nazaret.

Aun cuando la forma de expresarse de Hafid había mejorado con cada presentación, el discurso que pronunció en Nazaret no fue memorable como tal. Sin embargo, sentado en la segunda hilera de bancas, escuchando con atención todas y cada una de sus palabras, se encontraba un viejo y respetado amigo, Sergio Paulo, quien desde hacía largo tiempo era el gobernador romano de la isla de Chipre, sonriente y asintiendo alentador a todo lo largo del discurso; tan pronto como Hafid hubo pronunciado sus comentarios finales, se puso de pie, aplaudiendo con entusiasmo.

Después de que Hafid respondió a la última pregunta de su auditorio, los dos viejos amigos subieron las escaleras de la posada, tomados del brazo y seguidos por Galeno y Erasmo. Sergio encendió unas lámparas de aceite en la oscura habitación antes de hacerles una seña a sus invitados para que entraran.

—Esta habitación no puede compararse con ninguna de las de mi palacio en Pafos —comentó sonriendo mientras abrazaba de nuevo a Hafid— pero el solo hecho de verlos a ti, gran vendedor, y a Erasmo, tu honrado camarada,es un lujo suficiente para mí.¿Cuánto tiempo ha transcurrido? —preguntó mientras servía vino de un largo recipiente de cuero en cuatro copas.

—Casi veinte años, gobernador, pero tú no has envejecido un solo día.

—¡Ah, ah! incluso el vendedor más grande del mundo a veces deforma la verdad —replicó Sergio y mientras todos bebían el vino, Erasmo le habló a Galeno de los muchos años felices y lucrativos del comercio que había tenido lugar entre las caravanas de Hafid y los habitantes de Chipre.

Al fin, Hafid hizo la pregunta que había ocupado su mente desde el primer momento en que avistó a Sergio entre el auditorio. ¿Qué hacía el respetado gobernador de la isla de Chipre tan lejos de su territorio y por qué razón se encontraba en una pequeña aldea tan desolada como Nazaret?

—En cierta forma, Hafid, tú eres el culpable de que yo me encuentre en este lugar. ¿Significa algo para ti el nombre de Saulo o Pablo de Tarso?

—Por supuesto que sí. Un predicador de poca estatura, pero con una gran voz. Trataba de venderle a la gente una nueva religión basada en las enseñanzas de un hombre llamado Jesús, que fue crucificado por

Poncio Pilatos después de que lo acusaron de sedición en contra de Roma. Conocí a Pablo cuando todos le habían vuelto la espalda y su vida estaba en peligro. Pretendía que se había acercado a mí después de escuchar una voz mientras oraba en el templo judío de Jerusalén. Esa voz le dijo que si quería venderles sus creencias a los demás, debería aprender a hacerlo de labios del vendedor más grande del mundo.

—¿Y tú conveniste en ayudarlo?

—Así fue.

—Pues debiste proporcionarle un excelente entrenamiento. —Asintió Sergio sonriente—. **Paulo tuvo** la osadía de ir a Chipre y solicitar una audiencia conmigo, confiado en su amistad contigo. Dos días después, había logrado convertirme a su fe; desde entonces he sido un fiel seguidor de Jesús.

—¿Tú? ¿Un romano?

—Así es. Y por lo que sé, bien **podría ser el primero.** ¿Acaso ese hombrecillo no te convirtió después de que le brindaste tan valiosos consejos sobre la forma de vender ideas con la misma facilidad con que se venden las mercancías?

—No. Partió esa misma noche y desde entonces jamás he vuelto a verlo, aun cuando a todo lo largo de estos años me ha escrito con frecuencia. Pero todavía no me has explicado, Sergio, por qué te encuentras en este lugar olvidado de Dios.

—¿Olvidado de Dios? —rió el gobernador—. Difícilmente. Al fin decidí que el reloj de arena de mi vida está casi lleno y sentí el deseo de caminar siguiendo las huellas de Jesús, aquí en Palestina, antes de morir. Dejé

en manos capaces el gobierno de Chipre y me he tomado un permiso de tres meses con la intención de ver todo lo más que pueda del mundo en donde vivió Jesús y en donde conmovió y afectó tantas vidas.

—Pero, ¿qué importancia tiene Nazaret?

—Jesús pasó aquí su juventud y llegó a la edad adulta, ayudando a su padre en un pequeño taller de carpintería...

—Pero no nació aquí —lo interrumpió Hafid.

Sergio palideció y preguntó:

—¿Cómo lo sabes, si no eres uno de sus seguidores?.

—Porque yo estuve al lado del Niño Jesús, poco después de que nació en un establo en Belén.

Sobresaltándose al escuchar esas palabras, Sergio se llevó ambas manos a la boca y esperó a que su amigo Hafid prosiguiera.

—Yo era camellero de la gran caravana de Pathros, pero había pasado tres días difíciles en Belén tratando de vender un solo manto rojo sin costuras que Pathros me había desafiado a que vendiera, a fin de demostrar que debería promoverme de camellero a vendedor. Para la noche del tercer día, después de fracasar en la venta del manto cientos de veces, comí un poco de pan en la posada y me dirigí hacia la parte posterior del edificio, hasta una cueva en donde había dejado atada mi cabalgadura. Debido al aire tan frío había decidido dormir sobre el heno, al lado de mi amado borrico, en vez de cabalgar hacia las colinas. Después de una buena noche de descanso, a la mañana siguiente estaría preparado para hacer un supremo esfuerzo por vender el manto y tenía la certeza de que lo lograría. Pero cuando entré al establo me encontré con un hombre y una mujer jóvenes, sentados junto a una vela y a sus pies se encontraba una caja abierta que por lo común servía para depositar el forraje del ganado. En ese pesebre había un bebé dormido sobre una poca de paja y pude ver que el pequeño estaba muy poco protegido del frío, con excepción de los raídos mantos de la madre y del padre que lo cubrían.

—¿Y qué hiciste entonces?

Hafid juntó las manos, apretándolas e inhaló profundamente.

—Durante algunos momentos sufrí gran agonía, imaginándome todas las terribles consecuencias de mi regreso a la caravana, sin el manto y sin las monedas provenientes de su venta. Por fin, tomé el manto del lomo de mi burro y envolví en él al bebé con mucho cuidado y después les entregué sus desgastadas prendas a los sorprendidos padres. Sabes, Sergio, hace ya casi cincuenta años de eso y todavía puedo ver a esa encantadora y joven madre, sollozando de gratitud al acercarse a mí y besarme en la mejilla.

Hafid se puso de pie y empezó a pasear de un lado a otro, con las manos a la espalda, mientras su auditorio de tres personas lo escuchaba atentamente.

—Cabalgué de regreso a la caravana, un niño con el corazón destrozado. Había fracasado en min misión y ahora estaba seguro de que seguiría siendo por siempre un paleador de estiércol de camello. Con la cabeza baja y totalmente derrotado, ni siquiera me di cuenta de que una reluciente estrella me había seguido a todo lo largo del camino desde Belén hasta el sitio en donde acampa-

ba la caravana, pero Pathros, mi amo, sí la vio. Me estaba esperando, a pesar de la hora tan avanzada, en el límite de nuestra hilera de tiendas, señalando hacia el cielo brillantemente iluminado me preguntó en qué maravillosa hazaña había tomado parte y yo le respondí que en ninguna. Sin embargo, él consideró esa deslumbrante estrella como una señal especial de Dios y me entregó los diez pergaminos del éxito, que usé a todo lo largo de mis días, para obtener más cosas buenas de esta vida de las que merece cualquier persona. Además, Pathros me ordenó que no compartiera con nadie esos pergaminos hasta que un día recibiera yo una señal especial de la persona que debería recibirlos de mis manos, aun cuando era posible que esa persona ni siquiera supiera que me estaba ofreciendo esa señal.

Sergio sonrió.

—¿Y la persona que más adelante recibió esos pergaminos de tus manos fue Pablo?

—Sí, fue él. Eso sucedió tres años después de que yo había dispersado mi emporio comercial. Para entonces, ya casi había desespebado, pensando que jamás podría entregárselos a nadie..

—¿Cómo supiste que era Pablo quien debería recibir esos pergaminos? ¿Cuál fue esa señal especial?

—En su alforja llevaba un manto rojo sin costuras y me comentó que era el favorito de Jesús y que lo había usado durante toda su vida. En el manto se veían unas manchas oscuras de la sangre que derramó a causa de la flagelación a la que lo sometieron antes de su crucifixión. Con gran sorpresa de mi parte, cerca del borde del manto descubrí la marca familiar del gremio que hacía

esos mantos tan populares para Pathros y también encontré la marca de Pathros, un círculo encerrado en un cuadro. Todavía no muy seguro de qué era lo que tenía en mis manos, le pregunté a Pablo si estaba enterado de las circunstancias que rodearon al nacimiento de Jesús y entonces me contó que había nacido en un establo en Belén y que arriba del establo esa noche había brillado la estrella más resplandeciente que jamás había visto hombre alguno. Entonces comprendí que el manto que estaba en poder de Pablo era el mismo que el cual yo había envuelto el cuerpecito de Jesús esa noche llena de presagios. Esa era toda la señal que yo necesitaba. Erasmo, quien estuvo presente durante mi reunión con Pablo se dirigió a la torre de mi palacio en donde los pergaminos del éxito habían permanecido depositados para su seguridad y se los entregamos a Pablo con todo nuestro amor.

—La sabiduría contenida en esos pergaminos debió tener un gran poder —declaró Sergio—. Mis representantes me informan que Pablo ha alcanzado un gran éxito atrayendo a muchos conversos en las ciudades de Pisidia, Licaonia, Perga, Antioquía, Iconium, Listra y muchas otras más.

—Eso no me sorprende —replicó Hafid—.

Sergio vació su copa de vino y preguntó:

—¿En dónde tendrá lugar tu próxima presentación para hablar ante la gente?

—Por el momento ya no tenemos otras programadas. El día de mañana los tres regresaremos a Damasco y después de algunos días nos reuniremos para tratar de hacer una evaluación de toda esta experiencia

de las conferencias, antes de decidir si tengo o no algún futuro en el estrado, tratando de influir para bien en la vida de toda esa gente..

—¿Estarías dispuesto a permanecer en Nazaret un día más si yo te diera una razón lo bastante poderosa para convencerte?

Hafid estudió el arrugado rostro de su amigo durante varios momentos, antes de hacer con la cabeza un gesto de asentimiento.

El anciano gobernador estrechó las dos manos de Hafid, diciendo, —Gran vendedor, ¡el día de mañana podrás ver, una vez más, a la mujer que besó en la mejilla al pequeño camellero en aquel establo, hace ya tantos años!

IV

A la mañana siguiente, los dos amigos se encontraron en el único pozo de Nazaret, ubicado en un vasto espacio abierto a un lado del camino principal, cerca del centro de la ciudad. El polvo saturaba el aire, junto con los discordantes gritos, llantos y risas, mientras que una larga fila de mujeres y niños esperaba su turno para llenar sus jarros y cántaros en el brocal del pozo.

Hafid miró con gran interés cuando una inmensa caravana de comerciantes se detuvo cerca del abastecimiento de agua y varios niños camelleros llenaban y volvían a llenar unos anchos cuencos de piedra varias veces, antes de que sus sedientos animales quedaran satisfechos.

Sergio le dio un ligero codazo a su amigo.

—¿Esa era tu tarea cuando trabajabas en las caravanas de Pathros?

—Era una de mis obligaciones más agradables —replicó Hafid sonriendo, mientras los malolientes animales avanzaban pesadamente cruzando frente a ellos a lo largo de la estrecha calle empedrada.

Los dos hombres esperaron pacientemente hasta que encontraron un espacio libre en el pozo, antes de sumergir las manos en el agua fresca y beber una poca.

—Jesús y su madre venían aquí todos los días -comentó Sergio con reverencia.

Hafid sonrió con simpatía al escuchar el piadoso tratamiento que le daba su amigo a un común y sucio pozo público, compartido tanto por seres humanos como por animales.

—Y recorría estas calles empedradas y respiraba este aire y jugaba en esos campos —replicó en son de broma, pero Sergio no le devolvió la sonrisa.

Sí —respondió el gobernador con suavidad—. Pasó aquí casi treinta años de su vida, trabajando en el oficio de su padre con la sierra, el martillo y el cepillo. Ya he logrado adquirir parte del mobiliario que estaba en posesión de los lugareños, quienes me dicen que fue hecho por sus manos. A mi regreso a Chipre, haré que preparen una habitación especial para depositarlo en el palacio.

Casi habían llegado a campo abierto antes de que Sergio, al fin, se detuviera, señalando en dirección a

una pequeña casa cuadrada, hecha de piedra caliza, oculta debajo de dos granados.

—Allí es donde Jesús vivió la mayor parte de su vida; su pequeño taller de carpintería no es más que una reducida habitación en la parte posterior.

—Tal vez no deberíamos molestar a la anciana mujer —manifestó Hafid, mientras Sergio se apresuraba a recorrer la senda cubierta de maleza hasta que se encontraron frente a la puerta, desesperadamente necesitada de una mano de pintura.

El gobernador le dio una palmadita en el brazo a Hafid.

—No habrá problema. Durante toda la semana pasada visité a María incontables veces y hemos llegado a ser buenos amigos. Esta mañana, a una hora muy temprana, le notifiqué por medio de un mensajero que el día de hoy vendría contigo.

Hafid inhaló profundamente.

—¿Le recordaste la vez en que nos vimos, hace ya mucho tiempo, en aquel establo en Belén?

—Oh, no, eso habría arruinado mi sorpresa. Simplemente le envié un mensaje diciendo que traería a un viejo amigo. Tu presencia no la alterará; me comentó que ha llegado a acostumbrarse a los extraños, casi todos bien intencionados, que quieren ver a la madre de Jesús y hablar con ella.

—¿Vive sola aquí?

—Así es. Hace ya muchos años que enviudó y todos sus hijos han fallecido, o bien viven en otra parte. Su hijo Santiago la visita a menudo, aun cuando ahora sus días están muy ocupados, puesto que es la cabeza de una nueva iglesia en Jerusalén.

Sergio había llamado apenas dos veces a la puerta cuando ésta se abrió sin ningún ruido, girando sobre los viejos goznes de cuero.

—La paz sea contigo, mi amada señora —pronunció Sergio, tomando con suavidad la mano que le tendía la anciana mujer y llevándosela a los labios con gran respeto.

—Y contigo, Sergio —respondió ella, sonriendo afectuosa cuando le presentó a Hafid. Les sirvió queso y leche de cabra en unas altas copas y colocó al alcance de los dos hombres una charola con granadas e higos, mientras charlaban de muchas cosas concernientes a la aldea. Hafid contemplaba extasiado los grandes ojos almendrados de María y su cabello, casi tan negro como el azabache, aun cuando estaba seguro de que era por lo menos diez años mayor que él. Incluso su voz desmentía su edad.

—¿Fuiste tú quien habló anoche en la posada? —preguntó volviendo ligeramente la cabeza en dirección a Hafid.

—Sí, fui yo, pero mucho me temo que no tuve mucho éxito.

—¿Cómo puedes saberlo?

—La reacción del auditorio fue mínima. De no ser porque Sergio, aquí presente, inició los aplausos, dudo mucho que habríamos podido escucharlos.

—Por lo menos no amenazaron tu vida —comentó María con una débil sonrisa—. Jesús sólo habló una vez aquí en Nazaret, en la sinagoga, cuando trataba de decidir cuál sería el curso que debería tomar su vida después de cuarenta días de meditación pasados en el

desierto. Sus palabras, ese sabat por la mañana, enfurecieron a tal grado a la gente, que la multitud se apoderó de él y lo condujo hasta el risco más elevado, pero antes de que pudieran arrojarlo contra las rocas más abajo, logró escapar.

—Yo no estaba enterado de todo eso —exclamó Sergio—. ¿Eran las mismas personas que crecieron a su lado, que jugaban con El y que asistían a la misma escuela con El?

—Las mismas —respondió María—. La mayoría no lograba comprender por qué su amigo y vecino, el carpintero, de pronto hablaba como si Dios le hubiese conferido alguna autoridad especial. Para ellos todo eso era una blasfemia que, de acuerdo con nuestras leyes, se castiga con la pena de muerte.

—¿Y ése fue el primer discurso en público que pronunció en cualquier parte?

—Fue el primero . . . y durante una gran parte de esa mañana estuve convencida de que sería el último.

Sergio se volvió hacia Hafid.

—Todas esas historias deberían preservarse, pero hasta donde yo sé, nadie hasta ahora las ha escrito. Qué triste.

El gobernador volvió a dirigir su atención hacia María y Hafid contemplaba como hipnotizado, mientras uno de los más poderosos funcionarios del Imperio Romano se dirigía a la anciana mujer con una ternura y un respeto que Hafid nunca antes había visto en Sergio.

—¿Cómo se enfrentó Jesús a esa acogida y ese trato tan atemorizantes?

—Los apartó de su mente y el siguiente sabat se

encontraba predicando en la sinagoga de la cercana Cafarnaún. Allí la gente lo recibió con amor y atención. Más adelante, cuando hablamos de su terrible experiencia aquí en Nazaret, recuerdo que sólo sonrió, comentando que debió saber que ningún profeta ha sido honrado en su propio país.

Sergio echó la cabeza hacia atrás, cerrando los ojos.

—¡Es necesario que alguien escriba esa historia, deben hacerlo!

Hafid esperó hasta que María volvió a llenar su copa con leche fresca. Después dijo:

—Por lo poco que sé de Jesús, entiendo que nunca predicó fuera de Palestina. Como su madre, usted debió tener muchas oportunidades de escuchar a su hijo y su mensaje.

María asintió.

—En un principio, cuando trataba de reunir a sus seguidores y les enseñaba a sus apóstoles, lo escuchaba a menudo. Pero cuando el Sanedrín y el gobernador romano empezaron a enviar a sus agentes para que espiaran las acciones y las palabras de mi hijo, El insistió en que yo regresara y permaneciera aquí, a salvo de todo peligro. Más de una vez, siempre que El y su gente pasaban por Nazaret, venía a sentarse aquí y con mi mano entre las suyas trataba de prepararme para lo que vendría.

María se mordió el labio inferior, volviendo la cabeza hacia otro lado. Sergio miró a Hafid y le hizo un gesto de asentimiento. Había llegado el momento. El gobernador se inclinó hacia adelante, colocando suavemente su mano sobre la espalda de la mujer.

—Bendita señora, hay algo especial que debo decirte.

—Sí, Sergio.

—Hafid, este viejo amigo mío, me acompañó hasta aquí porque tenía un gran deseo de volver a verte.

—¿De volver a verme? —preguntó María con el entrecejo fruncido y ladeando un poco la cabeza—. Desde el momento mismo en que cruzó esa puerta tuve la seguridad de que ya lo conocía, pero cuando nadie lo mencionó, consideré que simplemente era un defecto de mi avanzada edad. ¿Nos hemos visto antes, gran vendedor?

-Sólo una vez, hace ya muchos años, María.

La madre de Jesús se envolvió el chal alrededor del cuello, inclinándose hacia Hafid a través de la mesa. Sin pronunciar una sola palabra, él se acercó más a ella, hasta que las manos de María se alzaron tomando entre ellas el rostro de Hafid. Deslizó los dedos por sus mejillas y preguntó:

—¿Sucedió eso antes de que esta magnífica barba cubriera tu rostro?

—Mucho antes de eso.

El pulgar derecho de María acarició con suavidad la profunda partida en la barbilla de Hafid, mirándolo de frente hacia lo más hondo de sus ojos grises, que para entonces estaban humedecidos por las lágrimas. De pronto se volvió hacia Sergio, boquiabierta, mientras las lágrimas se deslizaban por sus arrugadas mejillas y con las manos todavía apoyadas en el rostro del gran vendedor, sollozó:

—Lo conozco. Percibí algo especial en su forma

de ser desde el momento en que cruzó el quicio de mi puerta. ¡Lo conozco, Sergio! ¡Es un milagro más!

—Y bien, ¿quién es él? —le preguntó Sergio afectuosamente.

María acercó hacia ella el rostro de Hafid, besándolo con suavidad en la mejilla. —Es mi pequeño ángel montado en un burro. En aquel húmedo establo en Belén, apenas unas cuantas horas después de que nació Jesús, surgió de entre las sombras, envolviendo a mi bebé en un abrigador manto rojo. Después montó en su borrico, alejándose entre las sombras de la noche y nunca tuve la oportunidad de darle las gracias.

Hafid se llevó la mano a la mejilla, diciendo en voz muy baja: —Sí me diste las gracias. En aquel entonces me besaste, tal y como acabas de hacerlo ahora y mi vida cambió desde aquella noche.

—Y ahora, tal vez volverá a cambiar —declaró ella, y poniéndose de pie se dirigió hacia un gran arcón que ocupaba el rincón más alejado de la habitación. De su interior sacó un saco de cuero y cuando regresó al lado de la mesa lo depositó en los brazos de Hafid—. Esto te pertenece, mi querido señor. El habría querido que tú lo tuvieras.

Mientras Sergio Paulo se arrodillaba en silencio cerca de la silla que ocupaba su amigo, Hafid sacó lentamente del bolso el manto rojo que había sido el favorito de Jesús. Una vez más trató de contener las lágrimas mientras pasaba las manos muy despacio sobre la suave tela roja.

—La última vez que lo vi estaba en poder de Pablo. Me contó que después de mucho buscar en Jeru-

salén, al fin logró encontrar al soldado romano que se lo ganó en un juego de dados después... después de la... crucifixión.

María asintió.

Pablo me devolvió el manto hace ya varios años. En uno de los lados había manchas de sangre, derramada por los latigazos que Jesús recibió antes de que le dieran muerte y puesto que yo no podía soportar su vista, lo remojé durante muchas horas en una ligera solución de lejía.

Hafid seguía acariciando la prenda.

—¡Qué notable artesanía! Como pueden ver ¡el color no se ha desvanecido y la trama sólo está desgastada a lo largo de uno de los lados, después de más de cincuenta años! ¡Es asombroso!

—Jesús lo usaba para todas las ocasiones, en especial siempre que tenía que presentarse ante grandes multitudes. Decía que después de sus oraciones, el sentir ese manto sobre sus hombros le daba toda la confianza necesaria para enfrentarse a cualquier situación. Tal vez hará lo mismo por ti. ¿No mencionaste que la reacción de la multitud al escuchar anoche tus palabras, fue mínima?

Hafid dobló el manto y se lo entregó a María.

—No puedo aceptar esta prenda tan inapreciable. Debería exhibirse en algún importante lugar de culto, a la vista de todo el mundo, pero ciertamente no debe estar cubriendo mi indigno cuerpo.

—Te lo suplico —insistió María, colocando su pequeña mano sobre la de Hafid—. Acéptalo... y úsa lo. Cuando Jesús era niño, a menudo le contaba la

historia de otro pequeño niño que fue a visitarlo, muy pocas horas después de su nacimiento, obsequiándole este manto para mantenerlo abrigado. Era la mejor forma que yo conocía de enseñarle el verdadero significado del amor... cuando alguien hace entrega de todo lo que puede dar para ayudar a otra persona, sin pensar siquiera en recibir ninguna recompensa por ello. El aprendió muy bien esa lección, gracias a ti. Gran vendedor, tú no puedes creer que sólo una coincidencia ha vuelto a reunirlos a ti y a este manto después de todos estos años. Haz feliz a una anciana mujer y acéptalo. Tengo muchas otras pertenencias de mi hijo para que me hagan compañía, así como años de amorosos recuerdos. Por fin, después de mucho tiempo, el manto ha vuelto a las manos de su legítimo propietario.

—Jamás olvidaré este día —sollozó Hafid, alzando entre sus manos la prenda roja y apoyándola suavemente contra sus húmedas mejillas.

V

Los dos hombres permanecían en silencio, sumidos en sus propios pensamientos, después de abandonar la casa de María. De pronto Sergio se detuvo, una vez que habían llegado al camino principal, volviéndose hacia su amigo.

—Estoy muy agradecido contigo por haberme acompañado este día.

—No digas más —protestó el gran vendedor, mostrándole el saco que contenía el manto de Jesús—. Mi corazón rebosa de gratitud.

—¿Te sientes fatigado?

Hafid movió la cabeza en un ademán negativo.

—¿Te esperan pronto de regreso en tu elegante carreta?

—No, le indiqué a Erasmo que quizá estaría fuera todo el día. Es probable que tanto él como Galeno estén muy ocupados haciendo cuentas en los libros y liquidando todas nuestras deudas concernientes a los gastos del discurso de anoche.

Sergio se dio vuelta, señalando por encima de su cabeza en dirección a una escarpada colina que se erguía abruptamente hacia lo alto, a un lado del camino, a su derecha.

—Es la colina más elevada de todo Nazaret, según me han dicho. ¿Ves esa gran higuera en la cima misma?

Hafid se protegió los ojos del sol con ambas manos. —Sí, la veo.

—¿Crees que ese viejo cuerpo tuyo sea capaz de ascender hasta ese punto, si yo te brindo alguna ayuda?

—En verdad la arrogancia romana jamás llega a desaparecer por completo, ¿no es así? —refunfuñó Hafid—. Si tú eres capaz de realizar ese ascenso, estoy seguro de que yo también lo lograré... y sin necesidad de ninguna ayuda. Pero, ¿por qué debería esforzarme en un difícil ascenso a través de esos terrenos cubiertos de cardos y de piedras sueltas, sólo para sentarme bajo esa miserable higuera yerma, cuando allá en Damasco poseo varios huertos de higueras, tanto de la variedad temprana como de la tardía?

Sergio dejó ver una risita irónica.

—Pero ninguna como ésa, poderoso mercader. El día de ayer, después de visitar a María, me acompañó de

regreso hasta el pozo y cuando pasamos por este lugar alzó la mirada hacia ese solitario árbol y me informó que allí era a donde Jesús iba, desde la época en que era muy joven, siempre que quería estar a solas. A nuestra derecha puedes ver el estrecho sendero que conduce hasta la cima. Yo habría subido el día de ayer, pero el sol ya se ponía cuando me despedí de María y, además, no quería perderme tu discurso. ¿Estarías dispuesto a ascender conmigo hasta allí ahora mismo? Según entiendo, el panorama que desde allí se domina bien vale el esfuerzo de llegar hasta el pináculo.

—Tú guiarás el camino —exclamó Hafid con voz potente, echándose al hombro el saco de cuero y empezando a caminar detrás de Sergio. Ambos sudaban, respirando con dificultad para el momento en que llegaron a la cima, carente de toda vegetación exceptuando la solitaria higuera y las delgadas vetas de musgo que cubrían parcialmente las laderas rocosas de un tono grisáceo. Hafid depositó el saco en el suelo, recargándolo contra el tronco del árbol, antes de dejar caer su agotado cuerpo sobre la lisa superficie de piedra, al lado de Sergio.

A sus pies, allá muy abajo, se extendía la aldea de Nazaret con sus dispersas casas de piedra caliza de color blanco, sus verdes prados y sus jardines de una tonalidad café oscuro. Un estrecho camino dividía la ciudad en dos partes casi iguales, conduciendo al Sur hacia Jerusalén y al Norte hacia Damasco. Hafid hizo un gesto de asentimiento y sonrió cuando Sergio señaló en dirección a la reunión de diminutas figuras que todavía se arremolinaban alrededor del pozo.

Hacia el Oeste se encontraba el Monte Carmelo y más allá de él podían ver la neblina que se alzaba desde las aguas del Mediterráneo. Los dos hombres se dieron vuelta lentamente, entreabriendo la boca con una admiración reverente, mientras contemplaban la vasta planicie de Esdraelón, el Monte Tabor, las sombrías colinas de Samaria y las montañas de Gilead, cubiertas por la bruma. El Mar de Galilea resplandecía claramente hacia el Este y más al Sur el verde valle del Jordán parecía cambiar de color ante sus ojos. Una ligera brisa hacía crujir las hojas de la vieja higuera arriba de ellos, mientras que allá, a gran distancia, en el cielo azul cobalto en donde no se veía una sola nube, un águila solitaria volaba lentamente en círculos, con las alas totalmente extendidas, pero inmóviles.

Hafid fue el primero en romper el extraño silencio de la colina, pero sus palabras fueron pronunciadas tan lentamente que casi parecía encontrarse en trance.

—Aun cuando son muchos los años que he vivido, estoy seguro de que nunca antes me he encontrado en una elevación así, teniendo a mis pies una parte tan vasta del mundo. Es fácil comprender la razón por la cual Jesús venía a menudo a este lugar. Todas las preocupaciones y los problemas se quedan atrás, allá abajo —declaró, señalando en dirección a la aldea— y si es que hay un Dios, me imagino que resultaría mucho más sencillo comunicarse con él desde estas alturas.

Sergio señaló a lo lejos, en dirección Norte, hacia la majestuosa cresta del Monte Hermón, cubierta por las nieves, a una jornada de casi dos días de distancia y que, sin embargo, dominaba el horizonte.

—Una vez, en lo alto de esa elevada montaña, Dios le habló a Jesús.

—¿En el Monte Hermón? ¿Tienes alguna prueba de ello?

—Tres de los apóstoles, que estaban más cerca de El, fueron los testigos.

—¿Y qué fue lo que dijo Dios?

—Este es mi Hijo, el escogido; escuchadle.

—¿Eso fue todo?

—Sí, eso fue todo —respondió Sergio, sonriendo.

—¿Y tú crees en un relato así, de sus tres amigos más cercanos?

—Lo bastante para haber ordenado edificar una pequeña casa en esa montaña, tan cerca del lugar en donde los tres informaron haber escuchado la voz de Dios como fue posible construirla. Siempre conservo ese lugar muy bien provisto de víveres, cuento con los servicios de un cuidador que reside allí a todo lo largo del año y, por lo menos, trato de pasar allí unas dos semanas cada verano. Muchas veces me he sentido tentado a invitarte para que compartas conmigo esa paz y esa tranquilidad tan especiales, pero sabía que permanecías recluido desde que perdiste la Lisha, y no quería perturbar tu retiro. Pero ahora me sentiría muy honrado si aceptaras mi invitación para visitar ese lugar. Lleva contigo a Erasmo y quédate en ese bendito retiro todo el tiempo que desees, te lo suplico. Antes de separarnos trazaré un mapa, de tal manera que te resulte fácil localizar mi refugio. Se encuentra a menos de un día de viaje desde tu palacio en Damasco.

—¿Y Dios también te ha hablado a ti, en ese lugar tan elevado?

—No, pero por lo común yo hablo con El todos los días que dura mi estancia en ese lugar.

Hafid suspiró, sacudiendo la cabeza, alzando el saco que guardaba el manto de Jesús por encima de su cabeza.

—Con tu amante y confiada fe, Sergio, este manto debería estar en tu poder, no en el mío.

—Oh, no —replicó Sergio, alzando las manos—. La madre de Jesús sabía muy bien lo que hacía cuando te lo entregó. El manto está en buenas manos. Es la voluntad de Dios.

Hafid se levantó, parándose con las manos en las caderas, contemplando el Monte Hermón.

—Si Dios quisiera hablarme, Sergio, ¿qué crees tú que podría decir acerca de esta nueva carrera en la cual tal vez me he embarcado tontamente a mi edad?

Sergio entrelazó los dedos de sus manos, y cerrando los ojos inclinó la cabeza. Después de varios momentos, alzó la vista para mirar a Hafid y cuando habló, su voz tenía una resonancia más profunda de lo usual.

—Jamás pretendería hablar por Dios, gran vendedor, pero me imagino que en primer lugar te felicitaría por tu decisión de apartarte de los muertos en vida. El hecho de que pienses dedicar el resto de tus días a ayudar a los demás, a través de tus sabios consejos y de tus prudentes lecciones sobre el éxito, es de lo más laudable, pero no obstante...

Hafid se dio vuelta, mirando a su amigo en espera de que continuara.

—...no obstante, si tu discurso de anoche fue tu acostumbrada presentación, por muy excelente que ha-

ya sido, creo que necesita algo más. Para muchos que van a escucharte, tu reputación y tus grandes riquezas, por lo común son algo de lo que están bien enterados y aun cuando tal vez se sientan impresionados por tu presencia y por tus palabras, existe una gran probabilidad de que escuchen tus palabras con una mente cerrada... una mente que les dice que ellos jamás podrían lograr lo que tú has logrado. ¿Cómo puedes abrir esas mentes? Puedes hacerlo únicamente si les hablas de tus humildes antecedentes, de las luchas de tu juventud y de los obstáculos que superaste con objeto de hacer que tus sueños se convirtieran en una realidad.

—¿Y cómo podré lograr todo eso?

—Empleando las palabras más enérgicas para describir en sus mentes escenas que jamás olvidarán. Deja que tu auditorio pueda oler el estiércol de camello que paleabas, deja que vean tus lágrimas de abrumadora angustia, deja que sufran una agonía pensando en los fracasos que tú sufriste mientras luchabas para construir una vida mejor. Haz que una vez terminado tu discurso, se retiren pensando: Si Hafid fue capaz de lograr tanto, a pesar de su humilde origen, entones por qué yo, que tengo mucho más, me lamento por mi condición en la vida? Y puesto que dudo mucho que alguna vez, en tus presentaciones, hayas mencionado siquiera tus primeras congojas y luchas, Hafid, es probable que a los ojos de tu auditorio aparezcas como un miembro de la realeza que nació con una cuchara de plata en la boca y que siempre ha disfrutado de inmensas riquezas y de un gran éxito. ¿Cómo es posible que un insignificante mercader, o un agricultor, que deben luchar cada día simplemente para llevar a la mesa algún alimento para su familia, puedan aceptar tu mensaje como una guía para cambiar su vida para bien, cuando no comprenden que alguna vez tú te enfrentaste a los mismos predicamentos a los que ellos se enfrentan ahora, y saliste victorioso?

—Me parece que me has dado un excelente consejo, Sergio, y trataré de seguirlo. ¿Hay algo más?

Sergio abrió la boca, pero bajando la vista, guardó silencio.

—Te lo suplico —lo animó Hafid—. Somos casi como hermanos. Dime lo que piensas. Ayúdame.

—¿Todavía dispones de amplias reservas de oro en tu tesoro?

—Tengo más de lo que Erasmo y yo podremos necesitar jamás. Incluso ahora cada día alimentamos y vestimos a multitudes, allá en Damasco.

—Tal como lo esperaba. Hafid, hay una máxima cuyos orígenes son tan remotos que se pierden en la antigüedad. "Si le das a un hombre un pescado, lo habrás alimentado un día. Enséñalo a pescar y lo alimentarás durante toda su vida".

Hafid se arrodilló al lado de Sergio, tomándolo del brazo.

—No estoy muy seguro de comprender en qué forma esas sabias palabras se relacionan conmigo.

—Igual que todos los demás oradores, estás cobrando una cuota de admisión por escuchar tus discursos, de manera que todos aquellos que más necesidad tienen de escuchar tu mensaje no lo escuchan, porque son demasiado pobres para asistir. Son las mismas

personas a quienes ahora vistes y alimentas. Modifica tu procedimiento. Asígnale a Galeno, tu promotor, un salario semanal en vez de su comisión y envíalo a recorrer el mundo con los fondos suficientes para que pueda contratar el foro más grande que sea posible para tus presentaciones en cada ciudad. También deberás darle instrucciones para que reclute, mediante una paga, a tantos habitantes de la localidad como se lo dicte su experiencia, con el fin de difundir la información acerca del lugar en donde hablará el vendedor más grande del mundo, a qué hora ¡y anuncia que la entrada es gratuita!

—¿Gratuita? Entonces habrá muchos que asistirán sólo por diversión o para pasar algunos momentos del día, sin el menor pensamiento o intención de aprender cómo pueden mejorar la suerte que les ha correspondido en la vida.

—Tienes mucha razón, no hay duda de ello. Muchos hombres de gran intelecto insisten en que a menos de que alguien tenga que pagar o esforzarse arduamente por obtener algo, jamás podrá apreciarlo plenamente. Sin embargo, por todos aquellos miembros de tu auditorio en quienes tus palabras con toda probabilidad se habrán desperdiciado, sólo imagínate lo satisfactorio que sería para ti si llegases a enterarte de que entre toda esa multitud había por lo menos un pobre muchacho camellero o un pilluelo cuya vida podría empezar a seguir una senda ascendente gracias a tus palabras. Sé lo mucho que deseas cambiar el mundo para bien, amigo mío, pero debes recordar una cosa... una verdad muy sencilla.

—¿Y cuál es esa verdad?

—Que lo que tú deseas, sólo podrás lograrlo cambiando a una persona a la vez.

Hafid se inclinó hacia adelante para abrazar a su amado amigo.

—Te lo agradezco. Si Dios hubiese hablado, creo que no habría podido expresarlo mejor.

VI

La Caravana del Exito, con el nombre conspicuamente pintado en letras rojas y oro en las doce carretas del equipaje en latín, griego y hebreo, se encontraba acampada en una despejada pradera cerca del corazón de Roma. En el interior de la más grande de muchas tiendas instaladas alrededor de las carretas, Hafid alzó su copa de vino hacia las copas de Erasmo y Galeno.

—Por nuestra mayor victoria —proclamó con orgullo.

—Ciertamente, fue una noche que jamás olvidaremos —suspiró Erasmo.

Iluminado por más de doscientas antorchas de aceite, instaladas alrededor del elevado escenario y a lo largo de los pasillos del magnífico teatro de Pompeyo, reconstruido posteriormente por Augusto, Hafid había pronunciado sus inspiradas palabras ante una muchedumbre jamás antes reunida de más de dieciocho mil entusiastas ciudadanos de Roma, unas pocas horas antes esa misma noche. Sin soltar el desgastado manto rojo de Jesús, que había usado en todos sus discursos desde su visita a Nazaret, hacía ya mucho tiempo, Hafid había agradecido gozoso la espléndida ovación que siguió, durante casi una hora, a sus comentarios finales.

El gran vendedor bebió un sorbo de vino, diciendo:

—Galeno, te estaré eternamente agradecido por haberme convencido de que pronunciara mis discursos al anochecer, en vez de hacerlo al mediodía como lo hacen los demás. No era posible que todos aquellos a quienes es más difícil llegar, los trabajadores que tienen menos dinero y los pequeños comerciantes de la ciudad, pudieran asistir a cualquier otra hora. Se ha escuchado decir a muchos que nunca antes, en toda su vida, habían tenido la oportunidad de escuchar a un orador.

—Esta noche estuviste magnífico, señor —replicó Galeno— y diste la impresión de dominar el idioma tan bien como cualquier nativo.

—Muchas gracias. Mi único pesar es que Sergio Paulo no pudo asistir. Ahora que se ha retirado de su cargo y ha regresado aquí, a Roma, albergaba la esperanza de que estuviera a nuestro lado en esa noche triunfal; sin embargo, ruego para que se recupere de su enfermedad. Le enviaré a un mensajero con el fin de notificarle nuestro gran éxito y sé que se sentirá muy complacido. De no ser por sus prudentes consejos, hace ya más de quince años, esta noche no estaríamos aquí y es muy probable que hace ya mucho tiempo habría ido a reunirme con mi amada Lisha, en el sitio de nuestro reposo final.

—Todavía recuerdo nuestros primeros tiempos, viajando en una sola carreta —asintió Galeno—. Ahora nuestra caravana ha aumentado casi al tamaño de las que tú empleabas durante tus activos años dedicado al comercio. Además de nuestras carretas, tenemos dieciséis camellos con sus guías, más ocho guardias armados con sus cabalgaduras, dos cocineros, una docena de ayudantes y más de cuarenta caballos para transportarnos en la forma adecuada de ciudad en ciudad. Sin mencionar la flota de diez navíos que fue necesario contratar a fin de transportarnos a todos, incluyendo nuestro equipo y nuestros animales, desde nuestro compromiso anterior en Atenas. Hemos abarcado el mundo, señor, llevando tu mensaje, sin cobrar nada a toda la gente común de Alejandría, Menfis, Jerusalén, Babilonia, Bagdad, Nínive, Alepo, Edesa, Antioquía, Efeso, Esmirna, Esparta, Atenas, a cientos de ciudades más pequeñas y ahora nos encontramos en Roma, la capital del mundo. Y cuando me entero de la forma en que la gente reacciona al escuchar tus palabras, sé que estás llegando a miles de vidas.

—En verdad, no parece que hayan transcurrido quince años desde aquella reunión casual entre el amo y Sergio Paulo en Nazaret —manifestó Erasmo—.

—No creo que se tratara de una reunión casual —declaró Hafid—. Para mí, fue otro ejemplo de que Dios jugó conmigo un partido de ajedrez, como lo ha hecho con tanta frecuencia a todo lo largo de mi vida. Estoy convencido de que en ocasiones interviene en todas nuestras vidas, haciendo que sucedan ciertas cosas. Después espera para ver cómo reaccionamos a su jugada. Algunos reaccionan en una forma que mejora su futuro; otros pueden devolver golpe por golpe, invadidos por la cólera y la desesperación; y también hay otros más que ni siquiera reaccionan. Son los muertos en vida y hay muchos de ellos entre nosotros, que pasan sus días lamentándose y quejándose sin jamás hacer el menor intento por cambiar sus vidas para bien. Esa es la razón por la cual gran parte de mis pláticas están dedicadas a enseñarles a los pobres y a los oprimidos, a los débiles y a los impedidos, la forma de enfrentarse a cualquier lance que pueda surgir en su vida, recordándoles constantemente a todos esos miembros de la humanidad, que viven en una eterna pugna, que aun cuando Dios sí nos presenta algunos desafíos, quiere que todos resultemos victoriosos. Estoy tratando de enseñarles cómo pueden triunfar y para mí no hay nada más satisfactorio que regresar a una ciudad, años después, y escuchar las historias de éxito que se iniciaron cuando alguien escuchó mis palabras y las tomó a pecho.

—Y ahora —pronunció Erasmo titubeando— somos extraños en tierras romanas, en donde el emperador realmente cree que es un dios que controla las vidas de todos sus súbditos, desde su palacio de oro. Podemos

estar seguros de que esta noche entre el auditorio se encontraban algunos de sus espías, cerciorándose de si había o no algún peligro de que las palabras de Hafid incitaran a las masas, en la misma forma en que los seguidores de Jesús fueron acusados de hacerlo con sus cánticos de un reino por venir y de un reino en cada uno de nosotros. Nerón incluso los culpó de haber iniciado la gran conflagración el año pasado, y todos aquellos que no fueron arrestados y ejecutados en la arena todavía permanecen ocultos en las catacumbas debajo de la ciudad. Mucho me temo que han tenido que pagar un precio terrible por su fe.

—Me pregunto —dijo Hafid sonriendo— cuál sería la reacción de Nerón si supiese que el manto que uso, siempre que hablo, le perteneció a Jesús.

—Te lo suplico, señor —susurró Erasmo en voz muy baja— deja que ese siga siendo nuestro pequeño secreto.

El centinela que montaba guardia cerca de la amplia tienda se asomó por la abertura, anunciando que Hafid tenía un visitante.

—¡Invítalo a entrar! —exclamó Hafid en voz alta, al tiempo que volvía a llenar las copas de vino.

Su huésped lucía una túnica azul oscuro, atada a la cintura con un cordón, que casi le llegaba hasta el suelo. Su largo cabello castaño estaba salpicado de hebras plateadas y su curtido rostro estaba surcado por profundas arrugas. Cuando habló, su voz era amistosa y enérgica.

—Que la paz y la bendición de Dios sean contigo. Mi nombre es Lucas y he venido a traerle un mensaje al

vendedor más grande del mundo, de parte de su viejo amigo Pablo de Tarso.

—¿Acaso Pablo se encuentra aquí, en Roma? —preguntó Hafid, poniéndose en pie de un salto—.

—Se encuentra prisionero en el Pretorio, en espera de que lo juzguen.

—Eso no puede ser —protestó Hafid—. En su última carta me daba la buena nueva de que al fin lo habían puesto en libertad por falta de evidencia, después de padecer encadenado durante cuatro años en Cesárea y en Roma.

—Ha sido arrestado de nuevo y esta vez pretenden que tienen testigos que están dispuestos a declarar que escucharon a Pablo proclamando que Jesús es rey. De acuerdo con la ley romana, el hecho de reconocer a otra autoridad que no sea la del César es un crimen que se castiga con la pena de muerte.

—¿Hay algo que yo pueda hacer? —preguntó Hafid—. Dímelo, te lo suplico.

—En esta ocasión, desde su arresto, Pablo parece haber perdido el deseo de vivir. La mayoría de sus amigos y seguidores lo ha abandonado y lo único que hace es permanecer sentado en su celda, casi sin pronunciar una sola palabra y comiendo apenas algunos pedazos de pan duro. Yo temía por su salud hasta esta mañana, cuando le informé que a todo lo largo de la Vía Apia había banderas ondeando al viento, proclamando tu presentación en el Teatro de Pompeyo. Sólo después de que escuchó tu nombre, señor, empezó a actuar como el hombre a quien he servido durante tanto tiempo. Te envía todo su amor, ilustre vendedor, te da la bienvenida a Roma y te suplica que lo visites en la prisión. Puesto que no poseemos la menor información en cuanto a la fecha en que Pablo será juzgado, albergo la esperanza de que podrás visitarlo muy pronto.

—Cuanto antes —declaró Hafid sin el menor titubeo—. ¿Cuándo podrás llevarme a su lado?

—En las sombrías celdas de ese odiado lugar no existen los días ni las noches. Los oficiales encargados de la vigilancia de ese lugar confían en mí. Podemos ir incluso ahora mismo, si es que no te encuentras demasiado fatigado.

—Mi amo se olvida, con demasiada frecuencia, de que casi ha llegado a los setenta y cinco años de edad. Su actuación de esta noche ha agotado gran parte de sus energías y en estos momentos, ya debería encontrarse en la cama —respondió Erasmo, dirigiéndole a Lucas una mirada de desaprobación—.

—No —interrumpió Hafid—. Nunca me sentiré demasiado cansado si quien me llama es ese hombre de Dios. Llévame ahora mismo a su lado, Lucas.

Al salir, hafid se detuvo frente al armario abierto en donde guardaba su ropa, cerca del poste central de la tienda. Introdujo la mano y retiró del interior el manto de Jesús, echándoselo sobre los hombros cuando salía al exterior.

—Tal vez el hecho de volver a ver esta prenda tan especial y tan llena de bendiciones —le explicó a Lucas— le levantará el ánimo a Pablo, como siempre me lo levanta a mí.

La lúgubre y sombría prisión en la Colina del Capitolino, muy cerca del palacio de Nerón, servía para alojar únicamente a los prisioneros que habían cometido graves crímenes en contra del Estado. Estaba vigilado por una cohorte especial de veteranos legionarios, bajo el mando del prefecto de toda la cohorte pretoriana. Nadie había logrado jamás escapar de sus celdas. El oficial que se encontraba en el interior, del otro lado de la puerta, en el piso principal, reconoció a Lucas y después de una breve espera él y Hafid fueron conducidos al interior, descendiendo una pronunciada escalera con peldaños de piedra. El piso de pizarra estaba húmedo y en el aire se dejaba sentir una húmeda frialdad a medida que ambos seguían al alto guardia a lo largo de un corredor infestado de ratas, hasta que se detuvo delante de una celda e hizo girar la llave en la cerradura.

—Me veo obligado a encerrarlos a ambos junto con el prisionero —declaró—, pero no se preocupen por eso; una vez que deseen retirarse, simplemente llamen y yo acudiré.

Mantuvo la puerta entreabierta hasta que ambos hombres hubieron penetrado en la celda débilmente iluminada. Después la soltó para que se cerrara y el choque de las barras de hierro repercutió por todo el piso bajo.

—Lucas —pronunció una ronca voz, proveniente del rincón más oscuro—. Lucas, ¿eres tú?

—Sí, Pablo y verás... ¡te he traído un amigo!

Los ojos del gran vendedor empezaban a acostumbrarse gradualmente al lóbrego interior de la reducida celda y no obstante, sintió unas manos que se apoyaban sobre sus brazos mucho antes de poder ver el rostro de Pablo.

—Hafid —sollozó el hombrecillo— ¿eres tú? ¿En verdad eres tú? ¡Mi gran amigo y benefactor! ¡El hombre que me salvó la vida obsequiándome los pergaminos del éxito, hace ya mucho tiempo, los cuales me permitieron difundir el mensaje de mi Señor por todo el mundo! Tantas veces he experimentado el deseo de visitarte, allá en Damasco, pero mis amigos siempre me advertían que estabas recluido y no recibías a nadie. Sin embargo, en mis cartas nunca logré expresar la inmensa deuda que tengo contigo. Lamento mucho verte cuando me encuentro en estas condiciones, pero le doy gracias a Dios porque has venido. Me complace mucho ver que los años han sido benévolos contigo.

Ahora Hafid ya podía ver el enflaquecido rostro de Pablo, dominado por los grandes ojos debajo de unas tupidas cejas y por una frente llena de cicatrices. Su cabello, opaco y descuidado, le caía sobre las demacradas mejillas y su andrajoso taparrabo le brindaba una protección insuficiente contra el frío. Pablo se aferró a Hafid como lo haría un atemorizado niño con su padre. Por fin, Lucas señaló hacia una pequeña mesa sin pintar.

—Acérquense —les pidió— sentémonos aquí a charlar un poco.

Pablo no necesitó más palabras de aliento. Respondiendo a sólo unas cuantas preguntas de sus dos visitantes, se explayó hablando de su visión hacía ya tanto tiempo cuando iba en camino hacia Damasco y de la forma en que su vida había cambiado para siempre. Recordó su visita a Hafid y el obsequio de los pergaminos, sus incontables jornadas para visitar las ciudades más grandes del mundo, sus previos encarcelamientos y su naufragio, que estuvo a punto de ser funesto, cerca de la isla de Malta y también de su constante lucha por divulgar su mensaje entre toda la gente, más allá de las fronteras de Palestina, contando únicamente con un puñado de ayudantes y con muy pocos fondos. Su voz cobraba más fuerza a medida que seguía hablando, pero al fin calló y sonrió con timidez, al darse cuenta del grado hasta el cual había dominado la conversación.

—Les suplico que me disculpen, mis queridos amigos. He permanecido aquí a solas durante mucho tiempo. De cualquier modo, cuando un buen predicador se encuentra ante un auditorio de cualquier magnitud, podría seguir hablando eternamente, ¿no es cierto, gran vendedor?

Hafid sonrió, encogiéndose de hombros.

—Yo no puedo saberlo, puesto que no soy predicador.

—¡Vamos, vamos! —exclamó Pablo, volviéndose hacia Lucas— ¡Escucha lo que dice este hombre! Hafid, no sé si te has dado cuenta de ello o no, pero el caso es que tú y yo nos encontramos en el mismo negocio. Ambos luchamos por rescatar a la gente, tanto hombres como mujeres, del infierno. Ese infierno del cual tú tratas de salvarlos está aquí... y ahora. El infierno del cual yo quisiera protegerlos llegará el día de mañana... y será por siempre. Ambos nos esforzamos por convencer a todos aquellos que quieran escuchar que para vivir aquí en el paraíso y para vivir en él por toda la eternidad se requieren las mismas cualidades de amor, preocupación por los demás, caridad y trabajo arduo. Nunca he podido escuchar uno de tus famosos sermones, señor, pero mis amigos me han informado que los principios de una vida sana que tú proclamas muy bien podrían haberlos pronunciado Moisés, Salomón o Isaías... o incluso Jesús. Tus palabras, según me dicen, parecen brotar desde lo más profundo de tu alma con una gran energía, influyendo en las mentes y en los corazones de todos los que te escuchan. Hafid, te ha sido concedido un gran don. Lo único que lamento es que no pertenezcas a nuestro bando —manifestó al mismo tiempo que pasaba suavemente la mano sobre el manto que colgaba de los hombros de Hafid—. Por otra parte, quizá sí eres de los nuestros, aun cuando tal vez ni siquiera te has dado cuenta de ello.

Hafid sentía las piernas entumecidas a causa del frío. Poniéndose de pie, empezó a recorrer la reducida celda a pasos regulares.

—Dime, los pergaminos que te entregué hace ya tanto tiempo, ¿qué ha sido de ellos?

—Todas mis pertenencias se perdieron el año pasado en ese naufragio. Me las arreglé para conservar a mi lado esos pergaminos durante casi treinta años, incluso en las prisiones; sin embargo, son parte de mi ser, tanto como mis ojos o mis manos. Puedo recordar y recitar cada uno de esos pergaminos, palabra por palabra, y he perdido la cuenta del número de veces que me salvaron la vida, guiándome cada día por la senda correcta.

Hafid se sobresaltó, cerrando los ojos y girando sobre los talones como si lo hubiesen golpeado. Volviéndoles la espalda a sus dos amigos, apoyó la cabeza con un gesto de cansancio contra los barrotes de hierro. Al fin , pronunció en un tono de voz muy bajo:

—Esos valiosos pergaminos guardaban tanta fuerza y tanta vida que de alguna manera siempre di por sentado que eran imperecederos. A pesar de todo, si sobrevivieron hasta el año pasado, de acuerdo con mis cálculos tenían más de cien años de antigüedad. Dime, Pablo, ¿lograste compartir toda la sabiduria que encerraban esos pergaminos cada vez que tuviste la oportunidad de hacerlo, de manera que otros pudiesen resucitar de una muerte en vida y disfrutar de una nueva vida plena de felicidad, logros y amor?.

—Lo hice por doquiera que me llevaron mis viajes, gran vendedor, tal y como te lo prometí. Siempre que lograba convertir a alguien, también le enseñaba los principios contenidos en los pergaminos, de manera que él o ella pudiesen divulgar la verdad entre los demás. En especial durante los últimos diez años, se han hecho cientos, quizá miles de copias, tanto en papiro como en cuero, las cuales han circulado por todo el mundo... desde Jesuralén hasta Roma.

Hafid se aproximó, acariciando el deslustrado cabello de Pablo con ambas manos.

—Has cumplido más allá de tu deber, admirable mensajero. En vez de encontrarte en este repugnante sitio que te sirve de morada, ni siquiera digno de los roedores, la humanidad debería rendirle homenaje en un palacio hecho de oro y plata. Siento una gran opresión en mi corazón y además, me siento tan impotente. ¿Qué te deparará el futuro?

Pablo cruzó los brazos sobre su enflaquecido y desnudo torso. Su voz era tranquila.

—Mucho me temo que ha llegado el momento de mi último viaje. Estoy preparado para emprenderlo. He combatido en una buena lid y creo que he llegado al final de mi recorrido. Lucas, aquí presente, ha sido mi fiel aliado y compañero durante muchos años y al fin he logrado convencerlo para que transcriba en pergaminos todo lo que ha aprendido de mí. Casi ha terminado esa ardua tarea después de muchos meses y ahora albergo cierta esperanza de que mi mensaje me sobreviva. Y en cuanto a ti, Hafid, ¿has escrito tus principios del éxito, todos tus pensamientos tan valiosos como el oro, de manera que las generaciones por venir puedan seguir recibiendo el beneficio de toda la esencia de tus magníficos discursos?

—No, aún no lo he hecho.

—Pues debes hacerlo... y pronto. No podemos saber cuándo llegará el día o la hora en que Dios nos llame a Su presencia y para el mundo significaría una gran pérdida si todos tus secretos para alcanzar la propia realización y la felicidad quedasen sepultados junto contigo. Debes prometerme que te encargarás de eso, y pronto.

—Te lo prometo —aseguró Hafid dejando ver una forzada sonrisa, al acariciar la hundida mejilla de Pablo.

—Y cuando lo hagas —prosiguió Pablo—, te suplico que consideres la posibilidad de emplear la misma forma de esos diez pergaminos originales que ejercieron tan gran influencia en tu vida y en la mía. Dudo mucho que jamás haya existido una técnica más influyente para entrenar a nadie para el triunfo, que el

sistema utilizado en esos pergaminos. Si combinas ese método, una vez más, con tus vastos conocimientos, estoy seguro de que obtendrás resultados que obrarán milagros en incontables vidas. Y no esperes más, ¡te lo suplico!

Para entonces, el carcelero ya se encontraba del otro lado de la puerta de la prisión. Había llegado el momento de partir. Pablo abrazó primero a Lucas y después se aproximó a Hafid, quien pasó los brazos alrededor del frágil cuerpo semidesnudo del apóstol.

—Que el Señor te proteja hasta el momento en que ingreses a Su reino celestial —pronunció Pablo, inhalando profundamente—. Gran vendedor, le doy gracias al Dios a quien sirvo por haber permitido que fueses parte de mi vida.

Pablo retrocedió al abrirse las puertas de la celda, mientras Lucas salía al corredor. El carcelero aguardaba impaciente, pero Hafid se detuvo en la puerta y dándose vuelta, con un ademán rápido se quitó el manto rojo, envolviéndolo sobre los delgados hombros del apóstol, que se estremecía de frío.

—Abrígate, querido amigo —pidió Hafid—. Te amo.

—Yo también te amo. ¡Por toda la eternidad!

VII

Erasmo dio un paso hacia atrás, como herido por un rayo.

—No estoy seguro de que mis viejos oídos hayan escuchado bien, amo.

En la voz de Hafid se adivinaba su cansancio.

—Acabo de decirte que hacía mucho frío en esa terrible mazmorra anoche, y que Pablo tenía muy poca ropa sobre su cuerpo, de manera que le entregué mi manto.

—Pero a todo lo largo de estos años has pronunciado cuando menos ochocientos discursos, cubriendo tu persona con ese viejo y raído manto de Jesús. Incontables veces te he escuchado decir que el solo hecho de sentirlo sobre tus hombros exaltaba tu espíritu, haciéndote sentir lleno de confianza. ¿Cómo podrás desempeñarte sin ese manto, en caso de que no te lo devuelvan a tiempo para tu próximo discurso?.

Hafid cerró los ojos, diciendo:

—Albergo muy pocas esperanzas de volver a ver ese manto, puesto que mucho me temo que los días de Pablo están contados. Incluso él mismo, que ha pasado toda su vida enfrentándose a grandes desafíos, ha reconocido que su fin está muy cerca. Dejemos que ese manto le brinde algún consuelo a nuestro valeroso amigo durante sus últimos días.

—Pero, ¿podrás salir adelante sin él? —preguntó Galeno en un tono de voz preocupado.

—Ya no me será necesario. Sé muy bien que tanto tú como Erasmo han trazado sus planes para proseguir al Norte hasta Pisa y Génova y posiblemente hasta las Galias, y les suplico a ambos que me perdonen por esta decisión tan repentina; no obstante, mi carrera como orador ha llegado a su fin. Anoche tuvo lugar mi última actuación en el estrado.

Erasmo se aproximó más, mirando a Hafid direntan.ente a los ojos. —¿Acaso estás enfermo, amo? ¿Quieres que vaya en busca de un médico?

—¿Ya has olvidado que anoche estuve en compañía de Lucas, un hombre sabio y experimentado en la medicina? No, Erasmo, gozo de una excelente salud. No obstante, anoche no logré dormir, después de regresar de mi visita a esa prisión. Las palabras de despedida

de Pablo pesaban tristemente sobre mi corazón y mi mente y he decidido seguir su sabio consejo, mientras todavía disfruto de buena salud.

—No te comprendo, señor.

—Esta noche cenaremos en compañía de Sergio Paulo y de su esposa en villa, ¿no es así?

—En efecto. La invitación para los tres nos fue entregada anoche, después de que Lucas y tú salieron para dirigirse a la prisión.

—Entonces les suplico que por favor sean pacientes durante unas cuantas horas más y durante esa cena, les haré saber a todos cuáles son mis planes para el futuro.

La villa del gobernador, ya retirado, anidada en las estribaciones de las colinas al Oeste del Tíber, no era tan vasta como el palacio de Chipre, pero contaba con un espacioso comedor que ya se había convertido en el lugar de reunión favorito de la aristocracia de Roma. Los muros tenían incrustaciones de madreperla, mientras que el techo cubierto de sedas contaba con cientos de aberturas en las cuales cada día los servidores colocaban flores frescas recién cortadas. Las estatuas de mármol de todos los Césares montaban guardia alrededor de la habitación y en su centro había una inmensa mesa circular, hecha de bronce con incrustaciones de marfil y oro.

A la hora de la cena sólo había cuatro invitados, agrupados en uno de los extremos de la amplia mesa, dos a cada lado de Sergio Paulo y de Cornelia, su esposa desde hacía cuarenta años. Durante la cena, Cornelia sonreía con frecuencia, pero pronunció muy pocas palabras. Junto con Hafid, Erasmo y Galeno estaba Séneca, el famoso poeta, ensayista, abogado y orador, que en otros tiempos había sido tutor de Nerón, cónsul y virtual primer ministro durante largos años, antes de retirarse a su cercana propiedad hacía apenas cuatro años. Había comido muy poco de las muchas viandas que sirvieron, y cuando Hafid se condolió de su dificultad para respirar, replicó que hacía ya muchos años que padecía de asma y que ahora todo lo que hacía era practicar la forma de morir, entrecortando el aliento cada vez que inhalaba.

—He leído muchas de tus obras, señor —comentó Hafid— y me siento muy honrado por encontrarme en tu compañía en esta habitación.

Las pálidas mejillas de Séneca cobraron un tono púrpura.

—Es muy amable de tu parte, poderoso vendedor; no obstante, soy yo quien está muy agradecido con el gobernador por brindarme esta oportunidad de conocerte. He admirado tus logros a lo largo de muchas décadas, primero en el comercio y ahora en la oratoria, pero nunca soñé que nuestras sendas llegarían a cruzarse. Es una extraordinaria hazaña haber alcanzado el pináculo mismo del éxito en dos profesiones tan poco relacionadas entre sí y te saludo por ello. Anoche asistí al teatro y pude escuchar tu discurso pleno de inspiración, percibiendo con sumo interés tu mensaje. Estoy de acuerdo con tu filosofía en lo concerniente a la mejor forma de hacerle frente a esta vida.

—Mucho te agradezco tus palabras.
Séneca levantó la mano y asintió.

—Y por encima de todo, aplaudo tu gran honestidad cuando empezaste a hablar, reconociendo lo mucho que todavía te falta por aprender acerca de nuestro mundo, porque sólo eres un pequeño fragmento en este infinito universo. Muchos de esos supuestos hombres sabios, hinchados por una falsa idea de su propia valía, nunca son capaces de reconocer que todos no somos sino fugaces momentos en la eternidad. Viniendo de un hombre de tu posición, esa confesión me pareció de lo más insólita.

—Sólo pretendía ser honesto —replicó Hafid—. Dime, ¿es verdad que ya no estás involucrado en ninguna forma en los asuntos de Roma?

Séneca dejó oír una risita ahogada.

—Durante incontables años me esforcé en convertir a un monstruo para hacer de él un ser humano y es obvio que fracasé. Hace ya algunos años le cedí a Nerón gran parte de mis riquezas, a cambio de su autorización para abandonar el gobierno. En la actualidad paso mis días dedicado a una tranquila contemplación, así como a escribir en pergaminos muchos de mis pensamientos y conclusiones, hasta donde pueda hacerlo antes de que nuestro demente emperador decida que incluso yo, en mis años seniles, puedo ser una amenaza para él y que, por consiguiente, debo morir.

Hafid alzó su copa de vino.

—Todavía tenemos muchas cosas qué aprender de ti. Brindo por que vivas otros cincuenta años.

—¿Y qué me dices de ti, Hafid? —preguntó Séneca después de beber unos sorbos de vino—. ¿No es cierto que le debes gran parte de tus éxitos a la sabiduría que aprendiste de diez pergaminos especiales que te entregaron cuando apenas eras un joven? ¿Ya estás haciendo los arreglos necesarios para transmitir tu legado, transcribiendo tus sabios principios del éxito y la forma de vida adecuada, para los niños del mañana? Aun cuando la espada de Nerón no está pendiendo sobre tu cabeza, como sucede en mi caso, debes darte cuenta de que tú también te estás aproximando a ese aciago día en que respirarás por última vez este preciado aire.

Antes de que Hafid pudiera replicar, Lucas irrumpió en la habitación, seguido muy de cerca por dos servidores que se disculparon con su amo por esa intrusión. El viejo médico jadeaba tratando de recobrar el aliento, como si hubiese corrido una gran distancia. Una profusa transpiración cubría su frente.

—Les suplico me disculpen por arruinar esta feliz y pacífica reunión —manifestó entre jadeos— pero lamento ser el portador de tristes nuevas; sin embargo, sabía que todos desearían enterarse de ellas lo más pronto posible.

—Querido Lucas, te ves agotado —manifestó Sergio en un tono de voz preocupado—. Escucha, toma asiento aquí y trata de poner en orden tus pensamientos. ¿Quisieras tomar un poco de vino?

—No, —protestó Lucas, tratando de retener las lágrimas—. ¡Se los suplico, permítanme permanecer de pie! Acabo de salir de la prisión. Allí me informaron que Pablo fue juzgado esta mañana, y que lo declararon culpable de traición en contra de Roma.

Lucas bajó la cabeza y prosiguió.

—Lo condenaron a muerte y de inmediato fue llevado a una pequeña parcela de tierras públicas cerca de la Vía Ostia, en donde fue decapitado. No hubo —sollozó— ningún testigo, ni estuvieron presentes sus amigos. Las autoridades me hicieron entrega de sus restos, guardados en un saco, cuando me presenté allí esta noche y a pesar de que el sol ya se había puesto, sepulté a nuestro amigo en el huerto de un seguidor que vive cerca del Pretorio.

—¿Y qué me dices del manto rojo que llevaba? —preguntó Erasmo, lamentando de inmediato haber pronunciado esas palabras al ver que Hafid le dirigía una mirada de enojo.

—Sólo sus... sus restos estaban en el saco. En medio de mi dolor, ni siquiera pensé en preguntar por el manto. Mucho me temo que se ha perdido —repuso Lucas, secándose las lágrimas—.

Hafid se puso de pie, pasando el brazo con un ademán suave por encima del hombro de Lucas. Sus palabras iban dirigidas a todos.

—Por supuesto, rogaremos por él a menudo, pero nunca debemos derramar lágrimas de dolor por nuestro amado Pablo. En el lugar en donde se encuentra esta noche, no estaría dispuesto a cambiarse por ninguno de nosotros.

—Me siento sorprendido, constantemente sorprendido —declaró Séneca— al ver la ausencia de temor con que todos los seguidores de Jesús se han enfrentado a la muerte, en ocasiones a una horrenda muerte, en la arena, decapitados o incluso colgando de una cruz. Durante un mayor número de años de los que puedo contar, he estado escuchando rumores de que el cuerpo de Jesús fue retirado de la tumba por sus discípulos más allegados, que después ocultaron el cadáver, pretendiendo que El era Dios y que había resucitado de entre los muertos. Sin embargo, la semana pasada, aquí en Roma, el hombre que supuestamente siempre estuvo más cerca de Jesús, el apóstol Pedro, fue informado de que le perdonarían la vida si estaba dispuesto a reconocer, ante las autoridades, que Jesús no había resucitado de entre los muertos. Pedro fue crucificado, según me informaron, con la cabeza hacia abajo a petición suya, porque no quería morir en la misma forma en que murió Jesús. Ahora bien, si Pedro estaba enterado de que el cuerpo de Jesús fue retirado de su tumba... y él, mejor que nadie debió estar al tanto de ese hecho, si es que en verdad sucedió... ¿por qué a pesar de todo estuvo dispuesto a morir defendiendo algo que era una mentira? Y ahora Pablo, un hombre con una mente tan brillante, también ha ofrendado su vida. ¡No lo sé! ¡Simplemente no lo sé! Hay tantas cosas en todo esto que no logro comprender. Sin embargo, lo que sí sé es que si yo fuese un hombre más joven y todavía me esperaran muchos años de vida, trataría de saber algo más de ese hombre llamado Jesús y de todas sus enseñanzas.

—Nunca serás demasiado viejo para eso, Séneca —argumentó Sergio—. Nosotros te recibiríamos con los brazos abiertos.

—¿Nosotros? ¿Acaso el hombre que durante tantos años fue el distinguido gobernador romano en Chipre, les ha vuelto la espalda a los dioses de Roma? ¿Tratas de decirme que eres uno de ellos?

—Lo soy.

Séneca movió la cabeza con un gesto de incredulidad, volviéndose hacia Hafid.

—¿Y qué me dices de ti, el vendedor más grande del mundo? ¿Delante de quién te inclinas?

—Hubo una época en la cual no me inclinaba ante nadie, ni siquiera del César. Pero un día, hace ya muchos años, Sergio Paulo y yo ascendimos a la colina más elevada que domina la pequeña aldea de Nazaret, después de visitar a la madre de Jesús. Sentado allá arriba, tan cerca del cielo, de pronto comprendí que mi búsqueda de toda una vida en pos de una fe que siempre me guiara y me apoyara, había tocado a su fin. Entonces supe, sin la menor duda, que el saco que había recibido de manos de María contenía algo más que el manto rojo sin costuras que había usado otro pobre predicador. En esos momentos tuve la absoluta certeza de que tenía en mi poder el manto que durante tanto tiempo protegió el cuerpo del Hijo de Dios.

Sergio Paulo se inclinó hacia adelante para besar la mejilla del gran vendedor. Nadie pronunció una sola palabra.

Poco después, cuando Hafid, Lucas y Erasmo regresaban al sitio en donde se encontraba la caravana, Erasmo se aproximó a su amo y le preguntó:

—¿Y qué me dices de nuestro futuro, señor? ¿A dónde iremos al salir de aquí?

—Regresaremos a Damasco —replicó Hafid— tan pronto como sea posible hacer todos los arreglos necesarios y una vez allí, desbandaremos la caravana. Tengo pensado retirarme a mi biblioteca y tomarme todo el tiempo que Dios me permita para transcribir mis diez principios más importantes para llevar una vida sana en unos pergaminos similares en cuanto a su forma a los que me entregaron cuando apenas era un camellero.

—¿Y después...? —preguntó Erasmo.

—Y después estaré dispuesto a ayudarte a supervisar una organización de veloces mensajeros que puedan distribuir las copias de mis pergaminos por todos los rincones de la tierra. De esa manera podremos llegar a millones de personas, en vez de los miles que se acercan a escuchar mis palabras.

—Me sentiría muy honrado si me permitieras ayudarte en tu admirable tarea —declaró Lucas—. Mi caligrafía es excelente y estaría dispuesto a transcribir todas tus palabras, anotándolas en los pergaminos.

—Médico, debes cumplir con una misión mucho más importante. Haz lo que Pablo te pidió. Escribe todo lo que sabes acerca de sus luchas y de sus viajes y también escribe todo lo que has aprendido de la vida de Jesús, incluyendo la historia de su nacimiento en aquel establo en Belén, que te narré anoche cuando caminábamos de regreso a mis carretas.

Hafid —exclamó de pronto Sergio—. Qué afortunado soy, acabo de tener una maravillosa idea. ¿Recuerdas que cuando estuvimos juntos en Nazaret, hace ya mucho tiempo, te hablé de la casa que mandé edificar en el Monte Hermón, un refugio ubicado en un sitio muy cercano al lugar en donde Dios habló con Jesús?

—Sí lo recuerdo, y muchas veces me he lamentado por jamás haber aceptado tu generosa invitación para visitarte en ese lugar.

—Aún no es demasiado tarde. Escúchame con atención. Ahora soy demasiado viejo para viajar hasta el Monte Hermón, de manera que muy pronto le cederé la propiedad de ese lugar tan especial a Stephanas, el cuidador que a todo lo largo de los años me ha servido con tanta lealtad en ese refugio. El simple hecho de encontrarte cerca del sitio en donde se escuchó la voz de Dios sería un escenario perfecto para ti mientras te concentras en la creación de esos diez pergaminos.

—El camino que lleva desde el puerto de Sidón hasta Damasco pasa muy cerca de la montaña —comentó Galeno en un tono de voz alentador.

—¿Y qué harías con Stephanas? —interrogó Hafid.

—Al recibo de mis intrucciones por escrito, que tú te encargarías de entregarle, Stephanas puede volver fácilmente al lado de su familia, que vive en la cercana Cesárea Filipa, dejándote en el más absoluto aislamiento hasta que termines tu proyecto. ¡Sería el lugar ideal para llevar a cabo tu mejor obra! Unicamente el viento perturbará tu concentración, por supuesto, a menos de que Dios decida hablar contigo. Después, una vez que hayas terminado tu tarea, podrás regresar a tu palacio en Damasco, que se encuentra apenas a una jornada de medio día, y Erasmo podrá encargarse de supervisar la circulación de tus palabras plenas de inspiración.

Hafid miró a Erasmo, quien guardó silencio. Era una decisión que tendría que tomar sin ayuda de nadie.

Sergio Paulo prosiguió:

—Ahora es tu última oportunidad, Hafid. El próximo año, es muy probable que Stephanas y su familia residan en esa morada. ¡Tienes que ir, te lo suplico!

VIII

Poco antes de que la caravana abandonara Roma, Hafid, llevando a Lucas como su guía, visitó un sinnúmero de tiendas en el cercano distrito de libros, llamado Argiletum. Después de horas de recorrer todas las tiendas, al fin adquirió varias botellas de la mejor tinta importada de Egipto, una caja de plumas de metal y de plumillas de ganso y una docena de pergaminos nuevos, preparados con pieles curtidas de cabra.

Ya era media tarde cuando ambos, finalmente, decidieron regresar a la caravana, y no habían avanzado más de cincuenta pasos cuando de pronto Hafid se detuvo, señalando hacia un arcón de cedro, con manchas oscuras y raspaduras, apoyado sobre uno de sus lados en un puesto de libros en la calle.

—¿Está vacío ese viejo arcón? —le preguntó excitado al comerciante que dormitaba recargado sobre una mesa cercana.

—No sólo está vacío, señor, también está a la venta.

Hafid se aproximó. La voz le temblaba de emoción.

—¿Quisieras tener la bondad de abrirlo?

El comerciante alzó el arcón, depositándolo sobre la mesa y levantó la aldabilla. Después abrió la cubierta de madera, dejando que cayera hacia atrás, exponiendo a la vista el polvoso interior.

Hafid se volvió hacia un perplejo Lucas, diciendo:

—Entrégame algunos de los pergaminos que acabamos de adquirir.

Lucas introdujo una mano en el saco de cuero que llevaba, sacando de su interior tres pergaminos. Hafid los depositó con sumo cuidado en el interior del arcón.

—Ahora, por favor, dame otros siete.

Los siete últimos pergaminos llenaron el arcón hasta los bordes. Hafid cerró la tapa con suavidad y se volvió hacia el mercader, preguntando —¿Qué precio tiene?

—Sólo cien denarios, señor.

Hafid introdujo la mano en el interior del manto, buscando el bolso de su dinero, pero Lucas lo detuvo.

—Señor —protestó— ¡te están cobrando un precio diez veces más alto por esta vieja caja! Como puedes ver, los goznes están muy oxidados y las correas se ven muy desgastadas. Vamos, conozco una tienda excelente muy cerca de aquí, en donde encontrarás una gran variedad de arcones más adecuados a tus necesidades y a un precio más justo.

—Lucas, aprecio tu solicitud, pero éste es el arcón que quiero. No puedo creer lo que están viendo mis viejos y cansados ojos, pero se ve exactamente igual al arcón que guardaba los diez pergaminos que recibí cuando sólo era un niño camellero, hace más de sesenta años.

Lucas sonrió con paciencia.

—Parece lo bastante viejo y usado para ser el mismo arcón.

Hafid le pagó al comerciante y declaró:

—No es sólo una coincidencia el haber descubierto este arcón justo en estos momentos de mi vida. He aquí que Dios ha vuelto a jugar conmigo un partido de ajedrez y creo que es una buena señal. ¡Ahora dispondré del recipiente perfecto para mis pergaminos, una vez que haya terminado de escribirlos!

Transcurrieron todavía dos semanas antes de que la Caravana del Exito anclara por fin en el puerto de Sidón y un día después llegaron al cruce de caminos que conducía al Este hacia Damasco y al Sur hacia el Monte Hermón.

Hafid descendió de la carreta más grande, que durante tantos años les había prestado tan buenos servicios a él y a los demás durante sus giras de oratoria. Más atrás iba una carreta más pequeña, atestada de cajas de provisiones, de ropa y de todos sus artículos para escribir. El conductor de la carreta más pequeña se aproximo a su líder, diciendo:

—Todo está en orden, señor —informó al tiempo de entregarle su látigo a Hafid.

Para entonces, Erasmo y Galeno se habían reunido con su amo, y Hafid se volvió hacia su anciano tenedor de libros, informándole:

—Regresaré a nuestro hogar tan pronto como haya terminado mi trabajo en los pergaminos, quizá en unas dos semanas, poco más o menos.

—Amo, ¿no estarías dispuesto a reconsiderar tu decisión, permitiéndome que te acompañe? Han transcurrido muchos, muchos años desde la última vez que nos separamos —sugirió Erasmo, incapaz de disimular su preocupación—.

—Olvídate de todos tus temores, Erasmo. Debo hacer esto solo, de manera que no se interrumpa mi concentración. No te preocupes, sobreviviré. El clima es cálido y cuento con amplias provisiones de alimento para varias semanas. Muy pronto volveremos a estar reunidos. ¿Aún tienes tu copia del mapa que Sergio Paulo nos entregó a ambos, las instrucciones para llegar a la casa en el Monte Hermón?

—Aquí está, señor —contestó Erasmo, palpándose el manto—.

Hafid asintió, acercando hacia su pecho a su fiel amigo.

—Si después de un mes más o menos, llegases a **sentirte solitario, serás bienvenido si deseas hacerme una visita. Pero ahora, regresa a nuestro hogar en Da-**

masco y lleva contigo a Galeno para que te haga compañía, tal y como convinimos. También te será de gran ayuda para desbandar a la caravana. Por el momento, me despido de ti. Esta noche dormiré solo en el mismo lugar en donde una vez Dios dejó oír su voz.

El camino que se iniciaba desde las faldas del Monte Hermón ascendía de una manera tan gradual que a Hafid le resultaba difícil darse cuenta de que ya había empezado a ascender la majestuosa montaña que, vista desde la distancia, parecía tocar el cielo. No trató de apresurar a sus dos garañones, pues deseaba saborear las fragantes laderas con sus encinos, sus espinos y sus almendros, mientras que a lo largo de los lados del camino florecían los jacintos, los ciclaminos y los ranúnculos. Después de avanzar durante más de una hora, pasó al lado de una gigantesca columna de áspera piedra blanca, que se elevaba a más de cincuenta codos, surgiendo de unos montículos de pequeñas rocas y después de consultar su mapa, supo que en ese punto se encontraba apenas a dos millas de distancia de su punto de destino.

A su izquierda, a medida que seguía avanzando, el mundo parecía extenderse allá abajo para su disfrute. A lo lejos, la luz centelleaba desde el Mar de Galilea y el gran vendedor forzó la mirada tratando de avistar brevemente su amada ciudad de Damasco, hacia el Este, pero había una densa neblina suspendida sobre el desierto en esa dirección. A su derecha, allá en lo alto, pudo ver la cima de la montaña, haciéndose cargo de que la nieve, que desde la distancia parecía un ininterrumpido manto de deslumbrante blancura, en realidad sólo se acumulaba en las hondonadas y grietas.

El mapa que había trazado Sergio Paulo indicaba que más adelante el camino serpenteaba atravesando un bosquecillo de juníperos silvestres de la montaña, que ocultaba de la vista de los viajeros la casa del antiguo gobernador. Tan pronto como la carreta se encontró debajo de las verdes ramas, Hafid la detuvo rápidamente. Justo frente a él, con las ramas más bajas de varios árboles descansando sobre su techo, se encontraba la casa que era el punto de destino de Hafid.

Un hombre de anchos hombros, cubierto el cuerpo con pieles de animal, se encontraba de pie frente a la puerta de la pequeña casa, observando con curiosidad, mientras Hafid bajaba de su carreta. Esperó, indeciso, hasta que el gran vendedor alzó la mano en un gesto de saludo, antes de preguntarle en voz alta:

—¿Te has extraviado, extranjero?

—Creo que no. ¿Tú eres Stephanas?

—Lo soy.

—Tu amigo y patrono, Sergio Paulo, te envía sus saludos. Y también te traigo una carta en la cual te da sus instrucciones.

Stephanas recibió el pequeño rollo de pergamino y después de romper el sello, leyó apresurado las palabras contenidas en él. Después se inclinó con reverencia frente a Hafid, declarando:

—Te doy la bienvenida, señor. Permíteme ayudarte con tu equipaje y a que te instales en este lugar tan especial.

Hafid estrechó la mano derecha del joven, depositando en su encallecida palma dos monedas de oro.

—Lamento mucho tener que alejarte de tu hogar; sin embargo, no será durante mucho tiempo y Sergio de alguna manera mitigó mi preocupación, informándome que tienes familia en las cercanías.

Stephanas asintió, contemplando con incredulidad su recién adquirida riqueza.

—Muchas veces he sentido remordimiento por no haber visitado a mis padres en todo este verano; ahora es un buen momento para hacerlo.

La casa únicamente tenía cuatro habitaciones, pero estaba decorada y amueblada con el mismo buen gusto que Sergio había empleado tanto en su palacio como en su villa. Lo más agradable para Hafid fue la vista de la amplia mesa para escribir, sobre la cual depositó sus plumas, la tinta y el pergamino. El viejo arcón adquirido en Roma quedó depositado debajo de la mesa. Una vez que Stephanas hubo descargado los alimentos y todas las demás provisiones de la carreta, volvió a entrar llevando varios troncos para la amplia chimenea de piedra.

—Antes de partir, señor, ¿tienes alguna pregunta? ¿Hay algo más que pueda mostrarte?

Hafid había estado contemplando a través de la puerta abierta hacia el sombreado bosquecillo que se encontraba a espaldas de la casa.

—Sí —replicó con suavidad—, ¿podrías guiarme hasta el sitio en donde se escuchó la voz de Dios?

—Acompáñame —manifestó Stephanas, guiando al anciano a lo largo de un sendero cubierto de margaritas. Al fin se detuvo, recargándose contra el tronco de un árbol—. Pedro regresó a este lugar hace apenas unos cuantos años en compañía de Sergio y afirmó que todo había sucedido aquí mismo. Como

verás, he dispuesto un círculo de rocas para señalar el área. Aparentemente, Pedro, Santiago y Juan acompañaban a Jesús desde Cesárea Filipa y los tres se sentían tan fatigados que se quedaron dormidos aquí, en el suelo, poco tiempo después de llegar. Pedro comentó que los despertó una luz que casi los cegó, que resplandecía desde el sitio en donde Jesús se había arrodillado y seguía orando. Entonces una radiante nube descendió sobre ellos y en medio de la quietud pudieron escuchar una voz que decía, "Este es mi Hijo, el escogido; escuchadle".

—¿Y qué sucedió después? —lo interrogó Hafid.

—Según comentó Pedro, todo sucedió en cuestión de minutos. La nube muy pronto se desvaneció y los únicos testigos fueron las estrellas que brillaban en lo alto del firmamento.

Hafid pasó por encima de las grandes rocas y caminó con pasos lentos sobre el desigual suelo hasta que se encontró cerca de la mitad del círculo. A pesar del aire fresco, de pronto sintió una cálida brisa que rozó su rostro y sintió los fuertes latidos de su corazón. La voz de Stephanas lo sobresaltó.

—Si no hay nada más que pueda hacer por ti, partiré ahora mismo de manera que pueda encontrarme al pie de la montaña antes de la hora en que el sol se pone.

Hafid se quedó contemplando la figura de Stephanas mientras se alejaba, hasta que se desvaneció en el crepúsculo. Una vez más sintió esa misteriosa brisa cálida y entonces comprendió que parte de su rutina cotidiana, en tanto que permaneciera en la montaña, sería venir a arrodillarse, cada mañana, frente a esa misma piedra, para orar pidiendo ayuda para terminar sus pergaminos.

Esa noche durmió muy poco, contemplando hacia la oscuridad y planeando lo que debería escribir. "Este, pronunció en voz alta, es el mayor desafío de mi vida. Ha sido honrado por mi emporio comercial y por mi oratoria, pero si puedo darles forma a las palabras en el pergamino, con el poder suficiente para cambiar el futuro de todos aquellos que las lean, eso será mi mayor logro y un milagro en sí. Sé muy bien que no podré llevar a su término esta empresa, casi imposible, sin la ayuda de nadie. Ayúdame, Dios mío, te lo suplico".

Cuando llegó la mañana, Hafid consumió un ligero desayuno y salió a caminar. Inhaló profundamente varias veces y después se aproximó al círculo de rocas en donde se arrodilló el día anterior y una vez más oró pidiendo ayuda. Después regresó a la casa, se instaló cómodamente en una silla forrada de cuero frente a la mesa de escribir, abrió un pergamino en blanco y mojando su plumilla en la tinta, empezó a escribir...

Dos veces cada día, por la mañana y por la noche antes de retirarme, leeré las palabras escritas en este pergamino. La lectura por la noche deberá ser en voz alta. Proseguiré de esta manera durante siete días, incluyendo el sabat, antes de continuar con el siguiente pergamino numerado. De esta manera, en el transcurso de diez semanas, habré terminado las bases para la construcción de una mejor vida nueva.

Comprendo que no se ha tomado ninguna provisión en caso de que llegase a olvidarme de una o más de esas lecturas cotidianas. Tal como sucede en la vida misma, me doy cuenta de que el éxito que pueda lograr a través de la adquisición de esta sabiduría, estará en proporción directa con el esfuerzo dedicado a adquirirla...

IX
PRIMER
COMPROMISO DEL EXITO

Nací para alcanzar el éxito, no para fracasar.

Nací para triunfar, no para inclinar mi cabeza en señal de derrota.

Nací para saborear las victorias y brindar por ellas, no para gemir y lamentarme.

¿Qué es lo que me ha sucedido? ¿En qué momento todos mis sueños se desvanecieron en una grisácea mediocridad, en la cual las personas promedio se aplauden unas a otras como si fuesen seres sobresalientes?

Ninguna persona ha sido jamás tan engañada por otra, como por sí misma. El cobarde está convencido de que sólo está actuando con cautela, y el avaro piensa que está practicando la frugalidad. No hay nada que resulte tan sencillo como engañarse uno mismo, puesto que siempre es fácil creer lo que queremos. Nadie, en toda mi vida, me ha engañado tanto como yo me he engañado a mí mismo.

¿Por qué siempre trato de ocultar mis pequeños logros bajo un manto de palabras que toman a la ligera mi trabajo, o que ofrecen disculpas por mi falta de capacidad? Y lo peor de todo es que he llegado a creer en mis propias excusas, a tal grado que gustosamente estoy dispuesto a vender mis días a cambio de unos centavos, mientras me consuelo pensando que las cosas todavía podrían ser peores.

¡Pero ya no lo haré más!

Ha llegado el momento de estudiar el reflejo en mi espejo, hasta que sea capaz de reconocer que el enemigo más poderoso que tengo... soy yo mismo. Al fin, en este momento pleno de magia con mi primer pergamino, el velo que me hacía engañarme a mí mismo empieza a apartarse de mis ojos.

Ahora sé que en el mundo hay tres clases de personas. Las primeras aprenden de sus propias experiencias... son las sabias. Las segundas aprenden de la experiencia de los demás... son las felices. Las terceras no aprenden de su propia experiencia ni de la experiencia de los demás... son las necias.

Yo no soy un necio. De aquí en adelante me sostendré sobre mis propios pies, arrojando para siempre a un lado mis terribles muletas de autocompasión y de desprecio hacia mí mismo.

Nunca jamás volveré a compadecerme de mí mismo ni a menospreciarme.

Qué tonto era cuando me encontraba de pie, desesperado, a un lado del camino, envidiando a la gente de éxito y a los opulentos que desfilaban frente a mí. ¿Acaso todas esas personas se han visto bendecidas con habilidades únicas, rara inteligencia, valor heroico, ambición constante y otras cualidades sobresalientes que yo no poseo? ¿Se les ha asignado un mayor número de horas cada día, durante las cuales puedan desempeñar sus extraordinarias tareas? ¿Poseen tal vez corazones llenos de compasión y almas desbordantes de amor, diferentes del mío? ¡No! Dios nunca juega a los favoritos. Todos fuimos modelados del mismo barro.

Ahora también sé que la tristeza y los reveses que he sufrido en mi vida no los he sufrido únicamente yo. Incluso los más sabios y los triunfadores de nuestro mundo padecen etapas de abrumadora angustia y de fracaso, pero ellos, a diferencia mía, han aprendido que no hay paz sin problemas, descanso sin esfuerzo, risas sin pesadumbres, ni victorias sin luchas y que ese es el precio que todos debemos pagar por vivir. Hubo una época en la cual yo pagué ese precio fácilmente y de buen grado, pero las constantes decepciones y derrotas primero desgastaron mi confianza y después mi valor, en la misma forma en que las gotas de agua, con el tiempo, destruyen el granito más resistente. Ahora todo eso ha quedado atrás de mí. Ya no soy uno de esos muertos en vida, permaneciendo siempre bajo la sombra de los demás y ocultándome detrás de mis lamentables excusas y disculpas, mientras los años se consumen.

Nunca jamás volveré a compadecerme de mí mismo ni a menospreciarme.

Ahora sé que la paciencia y el tiempo pueden lograr todavía más que la fuerza y la pasión. Los años de frustración ya están listos para cosecharse. Todo lo que he podido lograr, y todo lo que espero lograr, lo he podido hacer, y lo seguiré haciendo, mediante ese proceso asiduo, paciente y perseverante gracias al cual se construye un hormiguero, partícula por partícula, pensamiento por pensamiento, paso a paso.

El éxito, cuando llega de la noche a la mañana, a menudo desaparece al rayar el alba. Ahora estoy preparado para vivir toda una vida de felicidad, porque al fin he reconocido un poderoso secreto que permaneció oculto durante esos años que me trataron con tanta dureza. En cierto sentido, el fracaso es el camino que conduce al éxito, en la misma forma en que todo descubrimiento que hacemos de lo que es falso nos lleva a buscar con afán lo que es verdadero, y en que cada nueva experiencia nos señala alguna forma de error que en lo sucesivo evitaremos con sumo cuidado. El sendero que recorrí, a menudo humedecido con mis lágrimas, no ha sido una jornada desperdiciada.

Nunca jamás volveré a compadecerme de mí mismo ni a menospreciarme.

Te doy gracias, Dios mío, por jugar tu juego conmigo el día de hoy y por depositar en mis manos estos valiosos pergaminos. Me encontraba en el momento del reflujo de mi vida, pero debí saber que en ese momento mismo es cuando siempre cambia la marea.

Ya no contemplaré con tristeza hacia el pasado. Jamás volverá. En vez de ello, con ayuda de estos pergaminos, modelaré el presente porque me pertenece, y seguiré adelante para salirle al encuentro al misterioso futuro, sin temor, sin dudas y sin desesperación.

Fui creado a imagen de Dios. No hay nada que no pueda lograr si lo intento.

Nunca jamás volveré a compadecerme de mí mismo ni a menospreciarme.

X
SEGUNDO
COMPROMISO DEL EXITO

$\mathfrak{Y}$a soy una persona diferente y mejor.

Apenas han transcurrido unos cuantos días desde que inicié una nueva existencia con la ayuda de estos pergaminos, pero ahora experimento una extraña y poderosa emoción en lo más profundo de mi corazón, un sentimiento de una nueva esperanza que casi había desaparecido con el paso de los años.

Al fin he sido rescatado de mi lecho de desesperación y doy las gracias por ello. Con las palabras de la primera promesa del éxito aún frescas en mis labios, ya he multiplicado mi propia valía ante mis ojos y tengo la seguridad de que este nuevo avalúo de mi persona, con el tiempo será adoptado por el mundo exterior. Ahora conozco una gran verdad. La única etiqueta de precio válida es la que nos asignamos nosotros mismos. Si nos ponemos un precio demasiado bajo, el mundo lo aceptará; pero si nos asignamos el mejor precio, el mundo también aceptará de buen grado ese avalúo.

Te doy gracias, Dios mío, por depositar en mis manos estos valiosos pergaminos. Me encuentro en un momento crucial de mi vida y no debo alejarme, ni lo haré, de este desafío, como me he alejado de tantos otros en el pasado. Ahora sé que en la peregrinación de todos, a lo largo de esta vida, siempre hay lugares sagrados en donde podemos sentirnos afines con lo divino; en donde los cielos parecen descender sobre nuestras cabezas y los ángeles llegan a auxiliarnos. Son los lugares de sacrificio, las áreas en donde se unen lo mortal y lo inmortal, las tiendas del juicio en donde se libran las grandes batallas de nuestra propia vida. Mis derrotas del pasado ya están casi olvidadas, incluso el dolor y la abrumadora angustia. Y seré muy feliz en los años por venir, si logro mirar hacia atrás recordando este momento tan especial, a sabiendas de que aquí pude saborear al fin la victoria.

Pero antes que nada debo aprender la segunda promesa de éxito, y ponerla en práctica:

Nunca jamás volveré a saludar al amanecer sin una meta.

En el pasado, el hecho de tener metas, ya fuesen grandes o pequeñas, me parecía que no era otra cosa que una tonta práctica, puesto que tenía tan poca fe en mis capacidades. ¿Para qué tener metas pequeñas e insignificantes, me decía a mí mismo, simplemente para satisfacer mis humildes talentos? ¿Qué diferencia podía significar todo eso en el esquema de las cosas? Y así, cada día salía sin rumbo por el mundo, sin timón y sin destino fijo, con la esperanza de sobrevivir hasta la hora de la puesta del sol, asegurándome, falsamente, a mí mismo que sólo esperaba el momento adecuado, o que cambiara mi suerte, sin creer, no obstante, ni por un momento, que algo en mi futuro sería diferente de lo que había sido en mi pasado.

Es fácil ir a la deriva de un día a otro. No se requiere ninguna habilidad, ningún esfuerzo y ningún dolor. Por otra parte, nunca es fácil fijarse metas para un día o para una semana, y alcanzar esos objetivos. Mañana comenzaré, me decía un día tras otro. En aquel entonces no sabía que el mañana sólo se encuentra en los calendarios de los tontos. Ciego ante mis propias faltas, desperdiciaba mi vida deliberando en no sé qué cosa y habría seguido posponiéndolo todo hasta que ya fuese demasiado tarde, de no ser por estos pergaminos. Hay una inconmensurable distancia entre tarde y demasiado tarde.

Nunca jamás volveré a saludar al amanecer sin una meta.

He estado viviendo en el callejón de los tontos. Tener siempre la intención de llevar una mejor vida nueva, pero sin jamás encontrar el tiempo para dedicarse a ello, es como si pospusiera la comida, la bebida y el sueño de un día para el siguiente, hasta morir. Durante muchos años estuve convencido, lo mismo que tantos otros, de que las únicas metas que valían la pena eran las principescas metas con abundantes recompensas en oro, fama y poder. ¡Qué equivocado estaba! Ahora sé que el hombre sabio nunca se fija metas de inmensas proporciones. A todos los planes de gigantesca magnitud los califica de sueños, abrigándolos muy cerca de su corazón en donde los demás no puedan verlos y mofarse de ellos. Después saluda cada amanecer fijándose metas sólo para ese día, asegurándose de que todo lo que planeó haya quedado terminado antes de irse a dormir. Muy pronto, los logros de cada día se van reuniendo, uno encima del otro, en la misma forma en que la hormiga amontona sus granos de arena y con el tiempo se ha erigido un castillo lo bastante grande para albergar cualquier sueño. En verdad, todo esto no será difícil de lograr una vez que haya frenado mi impaciencia, enfrentándome a la vida un día a la vez. Puedo hacerlo. Lo haré.

Nunca jamás volveré a saludar al amanecer sin una meta.

Se ha ganado la mitad de la victoria del éxito una vez que se ha adquirido el hábito de fijarse metas y alcanzarlas. Incluso la labor más tediosa se hace soportable si yo marcho a lo largo de cada día convencido de que cada tarea, no importa lo humilde o tediosa que sea, me acerca varios pasos a la realización de mis sueños. Qué forma tan agradable de seguir adelante con mi vida, ya que si la mañana no me ofreciera ninguna nueva alegría, a medida que cumplo con las metas que me he fijado para ese día, o si la noche no me brindara nuevos placeres por cumplir con mis metas, ni siquiera valdría la pena vestirme y desvestirme. La vida, ahora estoy convencido de ello, puede ser tan gozosa como un juego de niños cuando despertamos con la esperanza de que nos aguarda una senda marcada con toda claridad.

Ahora ya sé en qué punto me encuentro.

Y también sé hacia dónde quiero que me conduzcan mis metas.

Para ir de aquí hacia allá, no necesito conocer todos los giros y recodos de mi viaje en este preciso momento. Lo más importante es que he adoptado las enseñanzas del primer pergamino y del segundo, y que ahora ya no miraré hacia atrás en dirección a ese desconsolador pasado, cuando los días no tenían principio ni fin y yo me encontraba perdido en medio de un desierto de frivolidad, sin esperar nada en el futuro, como no fuesen la muerte y el fracaso.

¡Mañana me fijaré metas! ¡Y al día siguiente! ¡Y también al siguiente!

Nunca jamás volveré a saludar al amanecer sin una meta.

Alguna vez malbaraté mi vida, cambiándola por un centavo y la vida no quiso pagarme más, pero ahora ya han terminado los días en que trabajaba por el salario de un esclavo. Ahora sé que cualquier salario que le hubiese exigido a la vida, la vida me lo habría pagado de muy buen grado.

Los rayos del sol no brillan por encima de mi cabeza para que yo pueda reflexionar con tristeza en el ayer. El pasado ha quedado sepultado y yo estuve a punto de permitir que me sepultaran junto con él. Ya no derramaré más lágrimas. Que los rayos del sol puedan brillar sobre las promesas del mañana... y sobre mi cabeza.

Nunca jamás volveré a saludar al amanecer sin una meta.

XI
TERCER
COMPROMISO DEL EXITO

Estoy despierto.

Me siento invadido de una gozosa anticipación.

Ahora experimento extraños murmullos en mi corazón al recibir cada nuevo día con alegría y confianza, en vez de hacerlo con autocompasión y temor.

Aquél que padece, recuerda. jamás repetiré los fracasos y los vanos errores del pasado, ahora que cuento con estos pergaminos para servirme de guía.

Cada día, me aventuraré a salir al mundo acompañado por tres nuevos aliados muy poderosos: la confianza, el orgullo y el entusiasmo. Tengo confianza en que lograré enfrentarme a cualquier desafío, el orgullo me exige que me desempeñe al máximo de mis capacidades y lograré todo esto porque he redescubierto ese poder tan especial que faltaba en mi vida desde mi infancia, el poder del entusiasmo.

Cada acto memorable en la historia del mundo es un triunfo del entusiasmo. Jamás se ha logrado nada grandioso sin él, porque le brinda un nuevo significado a cualquier desafío o a cualquier ocupación, no importa lo atemorizantes o lo difíciles que sean. Sin entusiasmo, estoy condenado a una vida de mediocridad, pero con él podré obrar milagros.

Hay un nuevo significado en mi existencia. El fracaso ya no es mi constante compañero. La nada, el aislamiento, la impotencia, la tristeza, las vejaciones y la desesperación del pasado se han desvanecido desde aquel día, no hace mucho tiempo, en que recordé cómo sonreír. Ya otros han empezado a reflejar mis sonrisas y mi solicitud. Comparto con alegría la luz del amor y la felicidad.

Siempre bañaré mis días en el dorado resplandor del entusiasmo.

El entusiasmo es la mayor ventaja del mundo. Su valor potencial supera con mucho al del dinero, el poder y la influencia. Sin ayuda de nadie, el entusiasta convence y domina en donde las riquezas acumuladas por un pequeño ejército de trabajadores apenas provocaría un estremecimiento de interés. El entusiasmo pasa por encima del prejuicio y la oposición, desdeña la inactividad, toma por asalto la ciudadela de su objetivo y lo mismo que una avalancha, aplasta y absorbe todos los obstáculos que encuentra en su camino. He aprendido una gran lección... ¡el entusiasmo es mi fe en acción! Si tengo fe, no puedo fallar.

Siempre bañaré mis días en el dorado resplandor del entusiasmo.

Algunos de nosotros nos mostramos entusiastas en ocasiones y unos cuantos incluso conservan sus anhelos durante un día o una semana. Todo eso es muy bueno, pero yo debo desarrollar el hábito, y lo haré, de conservar mi entusiasmo indefinidamente, con toda honestidad y sinceridad, de manera que el éxito que disfruto el día de hoy pueda repetirse el día de mañana y la próxima semana y el próximo mes. El entusiasmo, el amor por cualquier cosa que esté haciendo en un momento determinado, obra en formas maravillosas que ni siquiera necesito comprender, pero lo que sí sé es que les brindará una vitalidad adicional a mis músculos y a mi mente. Primero debemos desarrollar nuestros hábitos y después, buenos o malos, estos nos formarán a nosotros. El entusiasmo será el carruaje que me conducirá hacia una vida mejor. Ya he empezado a sonreír, anticipando todas las cosas buenas que vendrán.

Siempre bañaré mis días en el dorado resplandor del entusiasmo.

El entusiasmo puede desplazar castillos y cautivar a las bestias. Es el genio de la sinceridad, y la verdad muy rara vez resulta victoriosa sin él. Lo mismo que muchos más, he permitido que mi vida se guíe de acuerdo con falsas ideas de las verdaderas recompensas, en la creencia de que la comodidad y el lujo deben ser mis metas, cuando todo lo que en verdad necesita cualquiera de nosotros para sentirnos realmente felices es algo con qué entusiasmarnos. El entusiasmo beneficiará mi futuro más de lo que las lluvias de primavera nutren al trigo.

De ahora en adelante, todos mis días serán diferentes de los días del pasado. Jamás volveré a considerar que cualquier cosa que deba hacer para sostener mi existencia es trabajo, ya que entonces experimentaré la tensión de la necesidad en mi trabajo y las horas de cada día durarán lo que parece una eternidad. Permítanme, más bien, olvidarme de que debo trabajar para comer, abordando los afanes de cada día con toda mi energía, mi atención y con un espíritu animoso. Con estas cualidades, me desempeñaré mejor que nunca antes y si esta producción entusiasta se prolonga, día tras día, estoy seguro de que llegaré a ser más valioso para mí mismo y para el mundo.

No hay ninguna persona, ninguna ocupación o ningún problema que no puedan verse afectados por lo positivo de mi actitud.

Siempre bañaré mis días en el dorado resplandor del entusiasmo.

Bajo ese deslumbrante resplandor podré ver, por vez primera, todas las cosas buenas que permanecieron ocultas a mis ojos durante todos esos años de inutilidad. Así como el joven amante posee una percepción más refinada y en el objeto de su afecto puede ver cientos de virtudes y encantos invisibles a los ojos de los demás, así yo, impregnado de entusiasmo, habré incrementado mi poder de percepción y amplificado mi visión, hasta que logre ver la belleza y el encanto que los demás no pueden discernir y que pueden ser la compensación por las pesadas cargas de trabajo monótono, privaciones, penurias e incluso de la persecución. Con entusiasmo puedo sacarle el mejor partido a cualquier situación, e incluso si llegase a tropezar de vez en cuando, como les sucede hasta a los más talentosos, me levantaré y seguiré adelante con mi vida.

Siempre bañaré mis días en el dorado resplandor del entusiasmo.

Qué inmenso regocijo experimento, al saber que poseo este gran poder de modificar mis días y toda mi vida con mi actitud. Qué pena me dan todas esas legiones que no saben que pueden emplear esta poderosa fuerza, una fuerza que ya poseen en su interior, para guiar su futuro.

Le volveré la espalda al calendario y adoptaré el irresistible encanto de la juventud, con su entusiasmo que burbujea como un manantial de aguas que baja de la montaña. La juventud no ve la oscuridad más adelante, no ve ninguna trampa de la cual no sea posible escapar. Se olvida de que en el mundo exista el fracaso y cree que la humanidad ha estado esperando, durante todos estos siglos, a que él o ella lleguen al mundo para convertirse en los libertadores de la verdad, la energía y la belleza.

El día de hoy alzaré mi antorcha en lo alto y les sonreiré a todos.

Siempre bañaré mis días en el dorado resplandor del entusiasmo.

XII
CUARTO
COMPROMISO DEL EXITO

Soy poseedor de un maravilloso poder.

Conozco el secreto de cómo influir en los pensamientos y en las acciones de los demás cuando se encuentran a mi lado.

Este conocimiento solo, si se emplea sabiamente, ha permitido que un sinnúmero de individuos ambiciosos se remonten a las grandes alturas de la fama, la riqueza y el poder a todo lo largo de los tiempos.

Desafortunadamente, sólo unos cuantos están conscientes de que poseen un poder de esta naturaleza, mientras que la inmensa mayoría ha pagado un precio terrible, en angustia y desdicha, por su ignorancia. Ha perdido amigos, se les han cerrado las puertas, se han desvanecido sus oportunidades y sus sueños se han visto destruidos.

Hasta ahora he sido uno de los miembros de esa inmensa mayoría, destruyendo constantemente mis oportunidades para alcanzar el éxito y la felicidad, porque neciamente abusé de un poder que ni siquiera sabía que poseía.

Gracias a este pergamino he abierto los ojos. El secreto es tan sencillo que incluso todos los niños lo comprenden y lo usan instintivamente en su propio beneficio. Podemos influir en los demás si los tratamos en la misma forma en que nos gustaría que nos trataran a nosotros. Todos somos imágenes de los demás, con los mismos sentidos, los mismos sentimientos, las mismas esperanzas, los mismos temores, los mismos errores y la misma sangre. Si alguien tiene comenzón, su vecino se rasca; si alguien sonríe, su amigo le responde de la misma manera.

Qué ignorante he sido. Sé que el éxito no puede lograrse por sí solo. Sé que no existe tal cosa como un hombre o una mujer que se haya formado por esfuerzo propio. Por consiguiente, me doy cuenta de que jamás podré alcanzar mis metas sin la ayuda de los demás y, sin embargo, puedo ver, cuando reflexiono en mi pasado, que mis acciones me han tenido prisionero detrás de las rejas del remordimiento.

¿Por qué querría alguien contribuir a mis éxitos?

Siempre que fruncía el entrecejo, me encontraba a mi vez frente a un entrecejo fruncido.

Siempre que gritaba encolerizado, me respondían voces encolerizadas.

Siempre que me quejaba, me dirigían miradas severas.

Siempre que maldecía, el odio siempre me devolvía la mirada.

Mis propias acciones me condenaban al mundo en donde nadie sonríe jamás, al mundo de los fracasados. Neciamente he culpado a los demás de mi difícil situación, pero ahora veo que la culpa era mía.

Al fin he abierto los ojos.

Prometo cumplir durante el resto de mi vida esta promesa especial del éxito:

Nunca jamás volveré a ser descortés con ningún ser viviente.

Les sonreiré a amigos y enemigos por igual y haré todos los esfuerzos posibles por encontrar en cualquier persona, una cualidad que pueda alabar, ahora que al fin he comprendido que el anhelo más profundo de la naturaleza humana es el ansia de ser apreciada. En verdad, todos poseemos características dignas de alabanza, y todo lo que necesito es asegurarme de hacer esos cumplidos desde lo más profundo de mi corazón y con una voz que sea sincera.

Alabar, sonreír y preocuparse por los demás es algo tan benéfico para el donador como para el que recibe esos favores. Este gran poder que afecta con tanta fuerza a los demás obrará milagros en mi propia vida, a medida que su gratitud regrese a mí en incontables formas. Una sonrisa sigue siendo el regalo menos costoso de todos los que puedo hacerle a cualquier persona y, no obstante, su poder puede conquistar reinos. Y todos aquellos a quienes trate con amabilidad, dirigiéndoles palabras de alabanza, muy pronto empezarán a ver en mí las buenas cualidades que nunca antes percibieron.

Nunca jamás volveré a ser descortés con ningún ser viviente.

Mis días de lamentaciones y quejas han tocado a su fin. No hay nada más fácil que encontrar fallas en los demás. No se requiere ningún talento, ningún renunciamiento, ningún carácter para establecerse en el negocio de las quejas. Ahora ya no dispongo de tiempo para dedicarme a esa lamentable ocupación, que todo lo que podré lograr será manchar mi personalidad de manera que ya nadie quiera asociarse conmigo. Esa era mi antigua vida. Ya no volverá a serlo.

Estoy muy agradecido por esta segunda oportunidad.

He desperdiciado muchos años de oportunidades con mis enojos, mis malos humores y mis miradas de ira, cuando una sonrisa y una palabra amable habrían abierto tantas puertas y ablandado tantos corazones que me habrían tendido la mano para ayudarme. Apenas ahora estoy aprendiendo el máximo arte de la vida... mejorar el momento dorado de la oportunidad y aprovechar todo lo bueno que está a nuestro alcance.

Nunca jamás volveré a ser descortés con ningún ser viviente.

En última instancia, una sonrisa y un apretón de manos son un simple acto de amor. la vida, ahora lo sé, no se compone de grandes sacrificios u obligaciones, sino de todas esas pequeñas cosas en las cuales las sonrisas, las bondades y los pequeños deberes, que se brindan en cualquier momento y dondequiera que sea posible hacerlo, son los que ganan y conservan cualquier corazón. Los mejores fragmentos de la propia vida son los pequeños actos de consideración y solicitud. Las palabras bondadosas producen su propia imagen en el alma de los hombres y vaya si es una imagen muy bella. Tranquilizan, calman y consuelan a quien las escucha, haciéndolo desistir de sus sentimientos amargos, displicentes y poco amables. Todavía no he empezado a emplear las palabras amables con tanta abundancia como debería hacerlo, pero estoy seguro de que mejoraré si sigo practicando. ¿Quién sería tan tonto para no intentarlo, cuando en el otro lado de la balanza se encuentra la propia felicidad?

Nunca jamás volveré a ser descortés con ningún ser viviente.

Puedo darme cuenta de que en la interacción de la vida cotidiana, sólo a través de los insignificantes actos de bondad que se repiten cada día e incluso cada hora, por medio de palabras, tonos de voz, gestos y miradas, es como se ganan y se conservan el afecto y la admiración. Qué fácil le resulta a un ser benévolo esparcir el placer a su alrededor y qué cierto es que un corazón benévolo es una fuente de alegría, haciendo que todos a su alrededor dejen ver radiantes sonrisas. Cada noche, cuando me retiro, ruego pidiendo que haya hecho por lo menos a un ser humano un poco más feliz o un poco más sabio, o por lo menos un poco más satisfecho consigo mismo.

¿Cómo puedo fallar, desde este momento en adelante, si mantengo la promesa que he hecho en este pergamino, de tal manera que el aire que respire en el futuro, pueda resplandecer de amor y de buenos deseos?

Nunca jamás volveré a ser descortés con ningún ser viviente.

XIII
QUINTO
COMPROMISO DEL EXITO

El sol no siempre brilla.

Las uvas no siempre están maduras.

Los sepultureros no siempre están ociosos y no siempre reina la paz.

Ahora, lamentablemente, reconozco otra verdad. A pesar de que ya he saboreado el embriagador vino del éxito, gracias a estos pergaminos, sé que no puedo esperar que durante el resto de mis días caminaré sobre las cimas de las montañas. No importa lo mucho que lo intente, lo mucho que persista y sobresalga en el trabajo que he elegido, aun así habrá días y semanas y meses en que todo lo que intente dé por resultado frustraciones y fracasos. Todos nosotros, incluso los más poderosos y heroicos, pasamos muchos de nuestros días viviendo con el temor al fracaso. ¿Poseemos sacos de oro y piedras preciosas? No son suficientes; otros tienen más. ¿Nos sentimos protegidos y a salvo? ¿A salvo de qué? ¿De las enfermedades? ¿Del desempleo? ¿De los robos? ¿Tenemos muchos amigos y una familia que nos amen? ¿Podremos confiar siempre en la amistad? ¿Perdurará el amor de los demás hacia nosotros?

El temor a la adversidad, que conduce al fracaso, proyecta una terrible sombra sobre todos los días de nuestra vida. Su forma y sus colores son muy variados, imaginarios y reales, confundidos y claros, temporales y permanentes. La adversidad aterroriza al trabajador que lucha por conservar su trabajo, al padre que reza por que pueda alimentar a su familia, al comerciante que espera vender su mercancía, al soldado que guía a otros en la batalla. Tortura a todos por igual, a príncipes y mendigos, a sabios y necios, a santos y criminales. Antes no sabía cómo enfrentarme a la realidad, y las heridas que recibía de mis derrotas eran lo bastante severas para nublar mis esperanzas y destruir mi ambición. ¡Pero ahora ya no será así! Esta es una nueva vida y ahora ya conozco el secreto de sacar el mejor partido de mis derrotas siempre que caigan sobre mí.

Siempre buscaré la semilla del triunfo en todas las adversidades.

No hay mejor escuela que la adversidad. Toda derrota, toda angustia, toda pérdida, contiene su propia semilla, su propia lección sobre la forma de mejorar mi desempeño la próxima vez. Jamás volveré a contribuir a mi propia caída, rehusándome a enfrentarme a la verdad y a aprender de mis pasados errores. La experiencia es el más valioso extracto del sufrimiento y, no obstante, una de las condiciones más terribles de esta vida es que no es posible transferir su sabiduría a los demás. Todos deben asistir a su propia escuela, y las lecciones siempre son diferentes para cada persona. No hay otra forma. Sin embargo, la adversidad siempre es el primer sendero que conduce hacia la verdad, y yo estoy preparado para aprender cualquier cosa que necesite saber con objeto de mejorar la condición de mi vida.

Siempre buscaré la semilla del triunfo en todas las adversidades.

Ahora estoy mejor preparado para enfrentarme a cualquier adversidad. Por vez primera me doy cuenta de lo veloz que pasan y dejan de ser todos los hechos y acontecimientos, buenos y malos, grandes y pequeños. Todas las cosas de la vida no sólo se encuentran en un constante estado de cambio, sino que, además, son la causa de un cambio constante e infinito unas en otras.

Cada día me encuentro parado en un angosto reborde. Detrás de mí se encuentra el insondable abismo del pasado. Frente a mí está el futuro, que devorará todo lo que me acontezca el día de hoy. No importa lo que el destino me depare, sé que lo saborearé o lo sufriré sólo durante un tiempo muy breve. Son tan pocos los que comprenden esta verdad tan obvia, mientras que el resto permite que sus esperanzas y sus metas se desvanezcan tan pronto como los hiere la tragedia. Esas desafortunadas personas llevan consigo, hasta que mueren, su propio lecho de espinas y todos los días miran hacia los demás en busca de simpatía y atención.

La adversidad jamás destruirá a la persona que tiene valor y fe. A todos nos someten a una prueba en el horno del desastre y no todos salimos de él. Yo sí lograré salir. El oro puede permanecer un mes sobre ardientes carbones sin perder un solo grano, y yo soy más valioso que cualquier oro.

Todas las cosas pasarán.

Siempre buscaré la semilla del triunfo en todas las adversidades.

Ahora puedo ver que la adversidad tiene muchos beneficios, muy poco reconocidos. Es la única balanza en la cual puedo pesar a todos aquellos que profesan ser mis amigos, y enterarme de la verdad. También es el estado en el cual puedo familiarizarme con mayor facilidad con mi yo interno y posee la maravillosa capacidad de sacar a relucir los talentos que hay en mí, los cuales en circunstancias prósperas es probable que hubiesen permanecido inactivos.

La adversidad nos acompaña desde que nacemos hasta nuestra sepultura. La gema no puede pulirse sin tallarla y yo no puedo perfeccionarme sin pruebas. Reconozco que me ha hecho bien sentirme tostado por el calor y empapado por la lluvia de la vida y, no obstante, debo confesar que todas las adversidades que he sufrido han ido seguidas de mis gritos de cólera y resentimiento contra el cielo. ¿Por qué Dios tenía qué hacerme algo tan terrible? ¿Por qué Dios me privó de una cosa u otra, cuando era tan importante para mí?

Ahora sé que no hay otras épocas en la vida en las que las oportunidades, las probabilidades de ser y de hacer, se reúnan con tanta abundancia alrededor de mi espíritu como cuando tiene que sufrir una cruel adversidad. Entonces, todo depende de si levanto la cabeza o la bajo pidiendo ayuda. Si recurro a simples recursos y trucos, la oportunidad se habrá perdido para siempre y yo no resultaré más rico ni más grande, mas bien quizá más duro, más pobre y más pequeño por mi dolor. Pero si me vuelvo hacia Dios, y lo haré de aquí en adelante, cualquier momento de adversidad puede transformarse en un triunfante punto crucial de mi vida.

Siempre buscaré la semilla del triunfo en todas las adversidades.

En el futuro, cuando me derribe cualquier terrible derrota, siempre me preguntaré a mí mismo, una vez que haya pasado el primer dolor, cómo puedo convertir esa adversidad en algo bueno ¡Qué gran oportunidad podría ofrecerme ese momento... tomar la raíz amarga que estoy sosteniendo y transformarla en un fragante jardín de flores!

Siempre buscaré la semilla del triunfo en todas las adversidades.

XIV
SEXTO
COMPROMISO DEL EXITO

Me he engañado a mí mismo durante demasiado tiempo.

He alabado con insinceridad a todos aquellos que me han empleado y he escatimado cada hora de lo que yo consideraba que era un trabajo pesado y tedioso. Para mí, el trabajo era el lamentable precio que tenía que pagar para existir, porque en el momento de mi nacimiento los dioses no tuvieron a bien depositar oro en mis manos y una corona sobre mi cabeza. Qué necio he sido.

Ahora sé que el fruto derivado del trabajo es el más dulce de todos los placeres y que aun cuando el genio quizá inicie grandes obras, sólo el trabajo las terminará.

Al fin he abierto los ojos gracias a estos pergaminos.

Qué sencillo sería mi trabajo si yo dedicara tanto esfuerzo a mejorar su calidad como el que he dedicado a encontrar excusas para no hacerlo en la forma adecuada.

Hay un grandioso secreto del éxito que empequeñece a todas las demás reglas. Con toda certeza será incluido en todas y cada una de las listas de afirmaciones sobre la creación de una vida mejor durante los siglos y los milenios por venir, y no obstante, la mayoría de la humanidad la rechazará, una y otra vez, como algo demasiado difícil. La riqueza, la posición, la fama e incluso la esquiva felicidad serán mías, a la larga, si cada día me decido a prestar más y mejores servicios de los que me pagan. Hay otra forma más poderosa de recordar esta ley tan difícil de la vida... cuando nos piden que avancemos un kilómetro, debemos estar dispuestos a avanzar dos. Dentro de muchos siglos, lo mismo que ahora, sólo unos cuantos tendrán la determinación necesaria para seguir este gran secreto de los triunfadores y ellos serán los que reciban los honores.

¡Yo empiezo el día de hoy!

Nunca jamás volveré a desempeñar ninguna tarea si no es en la mejor forma en que pueda hacerlo.

Ahora sé que a fin de crecer y florecer, debo atender estrictamente mis asuntos y adelantarme un poco al tiempo. Aquellos que llegan a la cima son los que no se contentan con hacer sólo lo que se les exige. Hacen algo más. Avanzan otro kilómetro, y otro más. Jamás cruza por su mente la medida de su recompensa. Saben que a la larga la recibirán.

Sólo hay un método seguro para alcanzar las propias metas y es mediante el trabajo arduo, tanto mental como físico. Si no estoy dispuesto a pagar ese precio para sobresalir, deberé estar preparado para resignarme a un futuro de lágrimas y de pobreza, golpeándome el pecho y compadeciéndome por lo vano de una vida desprovista de sonrisas y de recompensas. Ya no siento lástima de mí mismo. Me he apartado de ese camino que no conduce a ninguna parte.

Nunca jamás volveré a desempeñar ninguna tarea si no es en la mejor forma en que pueda hacerlo

No estoy encadenado a mi trabajo; no soy un esclavo. Incluso si detesto las tareas que debo desempeñar, comprendo que el trabajo fatigoso es tan necesario para que salgan a relucir los tesoros de mi mente, a fin de mejorar mi suerte, como también son necesarios el trabajo de la tierra y la siembra para producir resultados para todos aquellos que cultivan la tierra. Yo puedo desarrollarme más allá de cualquier tarea que me asignen ahora, siempre y cuando nunca me olvide de que soy hijo de Dios y nací para triunfar.

Cualquiera que sea mi trabajo, permítanme desempeñarlo con amor y así no fracasaré.

Mi parte del trabajo de este día quizá sea limitada, pero el hecho de que sea un trabajo la hace muy valiosa. El mundo no se mueve sólo gracias a los poderosos músculos de nuestros héroes, sino también gracias al conjunto de los pequeños impulsos de cada trabajador honesto. El secreto del verdadero amor al trabajo es la esperanza de triunfar en ese trabajo, no por la recompensa en dinero, no por el tiempo dedicado a ello o por la habilidad ejercida, sino por el orgullo y la satisfacción en el desempeño del trabajo mismo.

Una recompensa suficiente por algo bien hecho es haberlo hecho.

Nunca jamás volveré a desempeñar ninguna tarea si no es en la mejor forma en que pueda hacerlo.

De ahora en adelante, cuando haya terminado mi día de trabajo, sorprenderé al mundo. Permaneceré allí un poco más y dejaré que ese esfuerzo adicional sea una inversión para mi futuro. Con una actitud así, tan rara en este egoísta mundo en que vivimos, no puedo fracasar.

Y no obstante, si trabajo de esa manera, si persisto en recorrer ese kilómetro adicional, debo prepararme para las burlas de quienes nunca contribuyen con un día de trabajo justo. Con objeto de lograr alguna cosa grandiosa en esta breve vida, me doy cuenta de que debo dedicarme al trabajo con tal concentración de mi mente, de mis músculos y de mi tiempo que, para todos aquellos que viven la escualidez del ocio, pueda parecerles que he perdido la razón. Que así sea.

Nunca jamás volveré a desempeñar ninguna tarea si no es en la mejor forma en que pueda hacerlo.

Si me dan amor y trabajo, sólo esas dos cosas, podré vivir una vida contenta.

Yo no podría, por mucho tiempo, ser feliz sin alimento, bebida, comida, ropa o abrigo, pero puedo tener todas esas cosas hasta la perfección y aun así ser infeliz. ¿Qué es lo mejor para un río? Seguir corriendo; si se detiene, se estanca. Lo mejor para mí es aquello que mantiene mi flujo en movimiento. Muy pocas personas se dan cuenta de lo mucho que su felicidad depende de su trabajo, del hecho de que se mantienen ocupadas y no disponen de tiempo para condolerse de sí mismas. Yo no soy nada sin mi trabajo. El secreto primordial de la felicidad es tener algo qué hacer.

Nunca jamás volveré a desempeñar ninguna tarea si no es en la mejor forma en que pueda hacerlo.

Jamás volveré a dejar de recorrer ese kilómetro adicional, o de rendir menos de lo que merece mi paga.

De ahora en adelante, desempeñaré mi trabajo con toda la intensidad que pueda dedicarle... no sólo mi trabajo y nada más, sino un poco más, ese poco más que con el tiempo valdrá todo el resto. Y si sufro, como a menudo me sucederá, y si dudo del valor de mis esfuerzos, como en ocasiones lo haré, aun así seguiré desempeñando mi trabajo. Pondré en ello todo mi corazón y el cielo se despejará, y desde el fondo mismo de la duda y el sufrimiento nacerá la suprema alegría de la vida.

Espero obedecer siempre esta promesa especial de éxito:

Nunca jamás volveré a desempeñar ninguna tarea si no es en la mejor forma en que pueda hacerlo.

Ahora todo eso ha quedado at[...]

Ahora comprendo por qué e[...]

vado. La persona que perpetua[...]

cuál de dos cosas hará, acaba[...]

yo vacilo de un plan a otro[...]

en la dirección del vie[...]

dirigiéndome hacia to[...]

jula, jamás lograré [...]

Quienes se [...]

son los únicos [...]

o la mujer [...]

especiali[...]

Ahora [...]

dela[...]

$\mathfrak{H}$e dispersado mis esfuerzos en tantas direcciones.

He desperdiciado tantas estaciones corriendo de un arco iris al siguiente.

He pasado incontables años introduciendo cubos vacíos en pozos vacíos.

Seguía albergando la esperanza de que el éxito, la felicidad y la riqueza algún día serían míos.

Esperé en vano. Sin el milagro de estos pergaminos, quizá habría seguido esperando eternamente. Qué triste. Al recorrer la calle de poco a poco, a la larga se llega a la casa de jamás.

ás.

l éxito me ha esqui-
nente titubea pensando
por no hacer ninguna. Si
constantemente me inclino
to, como lo hacen los lirios,
dos los puntos que señala la brú-
nada grandioso o útil.

concentran en una sola cosa a la vez
que progresan en este mundo. El hombre
superior es el que nunca se aparta de su
dad, ni disipa tontamente su individualidad.
ya conozco el mayor secreto que siempre estuvo
nte de mis ojos y que yo era demasiado ciego para
rlo.

Siempre pondré todo mi ser en la tarea que tenga entre manos.

La inmensa diferencia entre quienes triunfan y quienes fracasan no consiste en la cantidad de trabajo que desempeña cada uno de ellos sino en la cantidad de trabajo inteligente. Muchos de los que fracasan de la manera más ignomiosa hacen lo suficiente para alcanzar un gran éxito, pero trabajan al azar en cualquier cosa que se les asigna, construyendo con una mano para derribar con la otra. No aprovechan las circunstancias, convirtiéndolas en oportunidades. No poseen ninguna facultad para cambiar las honestas derrotas en reveladoras victorias. Contando con la capacidad suficiente y disponiendo de amplio tiempo, que son los principales ingredientes del éxito, se encuentran siempre impulsando de un lado a otro una lanzadera vacía y jamás llegan a entretejer la verdadera trama de su vida.

Jamás volveré a poner únicamente las manos en mi trabajo, cuando debería dedicarle todo mi ser. Al fin he abierto los ojos. De ahora en adelante, haré todo lo que esté haciendo como si en todo el mundo hubiese otra cosa más importante.

La creación de miles de bosques está en una sola bellota.

La concentración y la perseverancia construyeron las grandes pirámides en las planicies de Egipto.

El maestro de un solo oficio puede sostener a una familia; el maestro de siete oficios no puede sostenerse a sí mismo. El viento nunca sopla para el navegante que no sabe hacia qué puerto se dirige. Ahora ya sé hacia dónde quiero ir y cómo llegar a mi punto de destino.

Siempre pondré todo mi ser en la tarea que tenga entre manos.

Lo que nuestro mundo nos pide no es hacer muchas cosas con indiferencia, sino una sola en una forma suprema. Quien dispersa sus esfuerzos, no puede esperar el éxito.

Si cortásemos en dos a una salamandra, la mitad del frente correría hacia adelante y la otra hacia atrás. Así es el progreso de quienes dividen sus propósitos. El éxito siempre se muestra celoso de las energías dispersas.

Estoy preparado para grandes cambios en mi vida. El mundo sabrá que he cambiado mi curso. Qué poder tan inmenso sobre la vida es el poder de tener metas directas. Mi voz, mis vestidos, mi apariencia, mis movimientos y gestos mismos cambiarán a medida que empiece a vivir mis días con un propósito.

¿Cómo es posible que yo, igual que muchos otros, haya podido permanecer ciego a esta gran verdad?

La persona que sabe hacer una cosa y la hace mejor que cualquier otro aun cuando sólo se trate del arte de cultivar lentejas, recibe la corona que merece. Si cosecha las mejores lentejas por haber dedicado toda su energía a ese fin, es un benefactor de la humanidad y se le recompensa como tal.

Siempre pondré todo mi ser en la tarea que tenga entre manos.

Decidiré cuáles serán mis metas y siempre las tendré presentes en mis pensamientos. Sólo encontramos aquello que buscamos con todo nuestro corazón. Si no busco nada en particular en la vida, sólo encontraré eso. La abeja no es el único insecto que visita a la rosa, pero sí es el único que se lleva la miel. No importa lo espléndidos que sean los materiales que hayamos entresacado de nuestros años de estudio y de los afanes de nuestra juventud. Si salimos a la vida sin ninguna idea bien definida de nuestro futuro trabajo, podemos estar seguros de que no habrá ninguna circunstancia afortunada y accidental que convierta lo que hacemos en una imponente estructura de magníficas proporciones.

A menudo se nos indica que debemos apuntar muy alto en la vida, pero más bien, deberíamos apuntar hacia un blanco en el cual podamos acertar. No basta con tener un propósito general. La flecha que se dispara con el arco no va por allí viendo a que puede pegar en su trayectoria, sino que vuela directa hacia la marca.

La explosión ampliamente dispersada del trueno no produce los mismos resultados que un sólo rayo concentrado.

Ahora sé que si aspiro a una meta meritoria, con firmeza y persistencia, dedicando a ello todos los poderes de mi mente no puedo fracasar. Si concentro los rayos del sol con ayuda de un espejo, incluso durante los días más fríos del invierno, podré encender fácilmente una hoguera.

Siempre pondré todo mi ser en la tarea que tenga entre manos.

La más débil de las criaturas vivientes, al concentrar sus poderes en un solo objeto, puede obtener buenos resultados, mientras que la más fuerte, al dispersar sus esfuerzos en muchas tareas, no podrá lograr nada. Las gotas de agua, al caer continuamente, perforan incluso las rocas más duras, pero el precipitado torrente corre apresurado sobre ellas con un espantoso bramido, sin dejar atrás ninguna huella.

Yo dejaré mis huellas. El mundo sabrá que he estado aquí.

Siempre pondré todo mi ser en la tarea que tenga entre manos.

XVI
OCTAVO
COMPROMISO DEL EXITO

He sido tan ciego.

Ni una sola vez reconocí la oportunidad cuando se presentó en mi vida, porque siempre llegaba disfrazada de trabajo arduo.

Ni una sola vez pude ver la carroza dorada que me aguardaba para transportarme hacia una vida mejor, porque mis ojos siempre estaban llenos de lágrimas de autocompasión mientras vagaba por los caminos vecinales de la vida, sin destino alguno.

Mi visión ya no está obstaculizada por mi actitud, porque mi actitud se ha transformado.

Ahora comprendo que las oportunidades nunca se presentan delante de nosotros con su potencial para alcanzar la riqueza, el éxito o los honores pintados en ellas. Cada tarea que debo realizar deberá hacerse con mi mejor esfuerzo, o de lo contrario corro el riesgo de que las mejores oportunidades de la vida se alejen de mí, sin siquiera el sonido de una campana de advertencia. Amanece un día, lo mismo que todos los demás días, y a lo largo de él florece una sola hora, igual que las demás horas, pero es posible que en ese día y en esa hora me enfrente a la oportunidad de toda una vida. Enfrentarse a cada tarea, sin importar lo difícil y humilde que sea, y hacerlo con valor y persistencia, es la única forma en que puedo estar seguro de aprovechar las máximas oportunidades cuando se presenten, ya sea que vengan anunciadas con fanfarrias o que, como de costumbre, se oculten debajo de un manto de polvo.

Mi antiguo yo, despreciando el trabajo de cada día y ventilando mis sentimientos de frustración con todos los que estaban cerca de mí, jamás habría sido capaz de sitiar a la oportunidad. Ahora, gracias a estos pergaminos, estoy reconstruyendo mi vida y de ahora en adelante marcharé siempre con la cabeza erguida, buscando las oportunidades con la misma fiereza con que el león hambriento busca algo qué comer.

Nunca jamás volveré a aguardar en espera de que la oportunidad se presente ante mí.

Le he vuelto la espalda al pasado. Ninguno de aquellos fracasos demorará mi nuevo paso hacia esa resplandeciente tierra de éxito y felicidad en donde pasaré el resto de mi vida. Ahora ya sé que si quiero cantar, siempre podré encontrar un cántico.

Ahora miro hacia atrás sólo para recordar. En qué lamentable fracaso llegué a convertirme. Hay un viejo proverbio que dice, "Disfruta de lo poco que tienes mientras el necio va de cacería en busca de más". Eso era lo que yo creía y así actuaba en el pasado, pues ¿acaso no todos los proverbios dicen la verdad? ¡No! Estoy iniciando una nueva vida y he invertido las palabras de ese proverbio, en la misma forma en que he alterado las acciones de mi vida pasada. Ahora ese proverbio reza, "¡Mientras el necio disfruta de lo poco que tiene, yo iré en busca de más!"

Nunca jamás volveré a aguardar en espera de que la oportunidad se presente ante mí.

En el transcurso de estas cuantas semanas, ya he mejorado muchas cualidades de mi carácter, de manera que ahora me encuentro mejor equipado para reconocer las oportunidades y reclamar mi parte. También he desarraigado los malos hábitos que me refrenaban, mediante la repetición cotidiana de las palabras escritas en estos pergaminos, y esa reconstrucción apenas se ha iniciado. Permítanme empezar desde el punto en donde me encuentro, incluso cuando todavía conservo en mí algunas cualidades que a menudo me hacían despreciarme a mí mismo. Permítanme encargarme de ellas, una a la vez, recurriendo a la fortaleza que Dios me da para ayudarme a corregir mis debilidades. Por lo menos, estaré mejor que ahora si tengo el valor de extender el brazo para llegar a lo que está fuera de mi alcance y la fe suficiente para creer que puedo ser la persona que debería ser.

En el pasado, permití tontamente que mis fracasos y mis lamentaciones me abrumaran a tal grado que siempre me veía obligado a viajar con la cabeza inclinada y la mirada fija en el suelo. Ahora que he arrojado a un lado mi pesada carga del pasado y que he alzado la mirada hacia dondequiera que dirijo mi vista, puedo ver las puertas abiertas que me dan la bienvenida a una vida mejor.

Nunca jamás volveré a aguardar en espera de que la oportunidad se presente ante mí.

Cada día, cuando anuncie mis metas, anotaré en primer lugar un recordatorio de que debo permanecer alerta a las oportunidades. Y cada mañana, al despertar, saldré al encuentro del nuevo día con una sonrisa, no importa cuáles sean las tareas desagradables que me aguarden. La oportunidad, como el amor, nunca se siente atraída por la melancolía y la desesperación. Ahora sé que todos los grandes triunfadores en la vida siempre se dedican a su trabajo con una sonrisa en los labios, aceptando las oportunidades y los cambios que surgen en esta vida mortal con sentido del humor y con buen ánimo, enfrentándose en la misma forma a las cosas difíciles y a las fáciles a medida que se presentan. Son todos esos hombres y mujeres sabios que siempre crean más oportunidades de las que encuentran.

¿Cómo es posible que yo haya podido vivir tantos años sin percibir la verdad que ahora es tan obvia para mí? ¿Por qué tantos de nosotros vemos que los momentos dorados en la corriente de la vida pasan apresurados a nuestro lado y lo único que podemos reconocer es la arena? ¿Por qué los ángeles llegan a visitarnos y sólo nos enteramos de ello cuando ya se han ido?

Muchas veces, las oportunidades son tan pequeñas que ni siquiera las vislumbramos y, sin embargo, a menudo son las semillas de grandes empresas. Las oportunidades también se encuentran por todas partes, de manera que siempre debo tener mi anzuelo preparado. Cuando menos lo espere, quizá un gran pez pase nadando frente a él.

Nunca jamás volveré a aguardar en espera de que la oportunidad se presente ante mí.

Ya no soy la misma persona que era hace apenas unas cuantas semanas.

Las oportunidades jamás volverán a permanecer ocultas a mi vista.

Ya no me lamentaré, desgarrando mis ropas y maldiciendo al mundo porque carezco de las cosas buenas de la vida. Todavía me siento descontento con mi suerte, pero ahora experimento un descontento que se yergue bajo la lluvia, mirando hacia el cielo en busca del firmamento azul y las estrellas. Hay dos clases de descontentos en este mundo, el descontento que trabaja y el descontento que se retuerce las manos. El primero obtiene lo que desea, mientras que el segundo pierde lo que posee. No existe cura alguna para el primero, como no sea el éxito, pero no existe ninguna cura para el segundo. Ahora sé quién soy. Me agrada la persona que soy. Te doy gracias por ello, Dios mío.

Ahora comprendo que la oportunidad no llama a ninguna puerta. Me responde sólo cuando yo llamo a su puerta. Lo haré a menudo y con fuerza.

Nunca jamás volveré a aguardar en espera de que la oportunidad se presente ante mí.

XVII
NOVENO
COMPROMISO DEL EXITO

He sido demasiado benévolo conmigo mismo.

He cerrado el libro de cada día con demasiada rapidez.

Nunca me he tomado el tiempo, antes de retirarme por la noche, para cotejar el costo de las cosas tanto buenas como malas que me he atraído hacia mí mismo durante el día.

Jamás me he atrevido a repasar, con valor y honestidad, mis pensamientos, palabras y acciones de un día, a fin de planear mejor el siguiente.

La verdad acerca del éxito y la forma de alcanzarlo nunca ha permanecido oculta de mi vista. Simplemente me he dejado atrapar a tal grado en la lucha por sobrevivir que no he logrado reconocerla.

Al final de cada día, había acabado con ese día. Cualesquiera errores, fallas o accidentes que ensombrecieron mis horas, los apartaba de inmediato de mi mente con una excusa. Mañana será un nuevo día, me prometía a mí mismo. Quizá la vida se mostrará más benévola conmigo. ¡Estaba equivocado!

Al fin he podido enfocar mi visión.

Ahora puedo ver que el mundo es un mercado en el cual todo está marcado con un precio fijo y debo cumplir con mis decisiones acerca de lo que compre con mi dinero, mi trabajo y mi ingenio, ya sea que se trate de riquezas, comodidades, fama, integridad o conocimientos. Jamás deberé actuar como un niño que, cuando ha comprado una cosa, se lamenta porque no posee otra. Puesto que los tratos diarios que hago con mi vida son difíciles de rescindir, permítanme asegurarme en el futuro de que estoy acumulando cosas de valor y permanentes a cambio de mi esfuerzo y del sudor de mi frente. La única forma de hacerlo con certeza es practicando un ejercicio especial, cada día, antes de entregarme al sueño.

Siempre examinaré, cada noche, mis hechos del día que toca a su fin.

Incluso lo peor de mis vicios y de mis hábitos se mitigará si cada día lo llamo a cuentas. Qué alegría, qué bendito sueño vendrán siempre después de una inspección personal así.

Las preguntas surgen en mi mente ante la menor inspiración:

¿Qué debilidad he dominado el día de hoy?

¿A qué pasión me he opuesto?

¿A qué tentación me he resistido?

¿Qué virtud he adquirido?

Gracias a estos pergaminos, ya he empezado a recibir cada nuevo día con un plan, de manera que el buen camino que estoy recorriendo esté bien marcado. Ahora, al final del día, meditaré con sumo cuidado en los progresos y en los problemas de mi jornada y este último de los hábitos que recién he adquirido, creará en mi mente un diario del día de hoy y un libro de texto para el día de mañana.

Siempre examinaré, cada noche, mis hechos del día que toca a su fin.

Por la noche, tan pronto como haya extinguido mi vela, repasaré las palabras y las acciones de todas y cada una de las horas del día, no permitiendo que nada escape de mi examen, puesto que ¿por qué debería temer el espectáculo de mis errores, cuando tengo el poder de amonestarme y de perdonarme a mí mismo?

Tal vez actué de una manera demasiado cortante durante cierta disputa. Muy bien pude abstenerme de expresar mi opinión, pues fue hiriente y no hizo ningún bien. Lo que dije era verdad, pero las verdades no siempre deben pronunciarse. Debí refrenar mi lengua, puesto que no vale la pena discutir ya sea con las personas necias o con nuestros superiores. He hecho mal, pero no lo volveré a hacer.

Experiencia es el nombre que la humanidad siempre les ha asignado a sus extravagancias o a sus pesares. Pero las cosas no tienen por qué ser así. Las lecciones del día de hoy pueden convertirse en los cimientos del mañana para llevar una vida mejor, siempre y cuando yo tenga la voluntad de aprender algo de ellas, y la tengo.

Siempre examinaré, cada noche, mis hechos del día que toca a su fin.

Permítanme repasar mis acciones, permítanme observarme a mí mismo tal como lo haría mi peor enemigo, y así me convertiré en mi mejor amigo. Empezaré, justo en este momento, a convertirme en la persona que seré de aquí en adelante. Quizá descienda la oscuridad, pero no nublará mis ojos antes de que haya repasado, plenamente, todos los acontecimientos de mi día.

¿Qué dejé sin hacer, que debía haber realizado?

¿Qué hice, que podía haber hecho mejor?

Una de las mayores alegrías que todavía no hemos descubierto de esta vida, se deriva de hacer todo lo que intentamos hasta el máximo de nuestras capacidades. Se experimenta un sentimiento muy especial de satisfacción, cierto orgullo al inspeccionar un trabajo así, un trabajo bien terminado, completo, preciso, consumado en todas sus partes, que jamás podrá conocer la persona superficial que deja su trabajo terminado a medias, en una condición descuidada y desordenada. La terminación completa es lo que convierte a cualquier trabajo en una obra de arte. La tarea más insignificante, bien hecha, se convierte en un milagro de logro.

El trabajo del día de hoy se verá superado por el que realice el día de mañana; no puede ser de otra manera. La superación siempre viene detrás del examen y el repaso. Todos deberíamos ser más sabios el día de hoy que el de ayer.

Siempre examinaré, cada noche, mis hechos del día que toca a su fin.

¿Sobreviví este día sin compadecerme de mí mismo?

¿Le di la bienvenida a la nueva alborada teniendo en las manos un esquema y una meta?

¿Fui amable y bondadoso con todas las personas con quienes me encontré?

¿Traté de recorrer ese kilómetro adicional?

¿Estuve alerta en busca de oportunidades?

¿Traté de encontrar lo bueno en todos y cada uno de los problemas?

¿Sonreí frente a los rostros llenos de cólera y odio?

¿Concentré mis fuerzas y mis propósitos?

¿Qué puede haber más provechoso que este repaso cotidiano de mi vida, de manera que pueda vivirla con orgullo y satisfacción?

Jamás volverá a terminar mi día cuando el sol se pone. Todavía me falta un acto más que debo realizar.

Siempre examinaré, cada noche, mis hechos del día que toca a su fin.

XVIII
COMPROMISO
FINAL

frezco...

Juro...

Prometo... no olvidarme jamás de que el mayor talento que Dios me ha conferido es el poder de orar. A través del triunfo y la desesperación, del amor y la abrumadora angustia, del éxtasis y el dolor, del aplauso y el rechazo, del éxito y el fracaso, siempre puedo encender la lámpara de la fe en lo más profundo de mi corazón, con ayuda de una plegaria, y esa luz me guiará a salvo a través de las brumas de la duda, de la tenebrosa oscuridad de la ineficacia, de los angostos y espinosos senderos de la enfermedad y la pesadumbre, ayudándome a cruzar los traicioneros lugares en donde se encuentra la tentación.

Ahora sé que Dios sólo escuchará lo que le diga mi corazón.

Por la mañana, la oración es la llave que me abrirá las puertas del tesoro en donde se guardan las bendiciones de Dios, y por la noche es la llave que me coloca bajo Su protección

En tanto que sea posible orar, siempre habrá esperanza y valor. Sin la plegaria puedo lograr muy pocas cosas; con ella, todas las cosas son posibles. Dejaré que esta décima y última promesa me guíe siempre para gobernar mi vida:

Siempre me mantendré en contacto con mi Creador, a través de la oración..

Mientras menos sean las palabras, mejor será la oración.

Entre mis plegarias siempre pronunciaré estas sencillas palabras...

Plegaria a un amigo invisible

Mi amigo especial, te doy las gracias por escucharme. Tú sabes lo mucho que me estoy esforzando por cumplir con la fe que Tú has depositado en mí.

También te doy las gracias por el lugar en donde habito. Nunca permitas que ni el trabajo ni el juego, no importa lo satisfactorios o lo gloriosos que sean, alguna vez lleguen a separarme, durante mucho tiempo, del amor que mantiene unida a mi valiosa familia.

Enséñame la forma de jugar el juego de la vida con justicia, valor, fortaleza y confianza.

Proporcioname algunos amigos que me comprendan y que a pesar de todo sigan siendo mis amigos.

Concédeme un corazón que sepa perdonar y una mente que no tenga miedo de viajar, aun cuando la senda no esté marcada.

Concédeme un poco de sentido del humor y unos cuantos ratos de ocio en los qee no tenga nada qué hacer.

Ayúdame a esforzarme para alcanzar la suprema recompensa legítima del mérito, la ambición y la oportunidad y, sin embargo, nunca permitas que me olvide de tenderles una compasiva mano de ayuda a todos aquellos que necesitan aliento y ayuda.

Concédeme la fortaleza necesaria para enfrentarme a lo que venga, para que pueda ser valeroso frente al peligro, constante en la tribulación, templado en la cólera, y que siempre esté preparado para cualquier cambio de fortuna.

Permíteme mostrar una sonrisa en vez de un entrecejo fruncido, pronunciar una palabra amable de aliento en vez de frases duras y amargas.

Concédeme que sea compasivo con el dolor de los demás, comprendiendo que hay desdichas ocultas en todas las vidas, sin importar lo elevadas que sean.

Consérvame siempre sereno en todas y cada una de las actividades de la vida, ni indebidamente jactancioso ni entregado al pecado más grave del menosprecio hacia mí mismo.

En el dolor, que mi alma se eleve con el pensamiento de que si no hubiese sombras, tampoco habría rayos de sol.

En el fracaso, consérvame la fe.

En el éxito, haz que siga siendo humilde.

Haz que sea juicioso para desempeñar mi cuota completa de trabajo, y todavía más, tan bien como pueda hacerlo y una vez que haya terminado, deténme, págame el salario que sea Tu voluntad y permíteme decir, desde el fondo de un corazón amante... un agradecido Amén.

XIX

Erasmo estaba sentado en una banca de madera, cerca de la inmensa fuente en el patio, con los codos apoyados sobre las piernas. Siguió contemplando sus sandalias incluso después de escuchar unos pasos que se aproximaban.

—¿Sucede algo malo, Erasmo? —preguntó Galeno un tanto perplejo.

—¿Cuánto tiempo ha transcurrido desde que lo dejamos solo en esa montaña?

Galeno sonrió. Era la misma pregunta que había escuchado, incontables veces cada día, durante la semana anterior.

—Ya han pasado veintiocho días desde que nos despedimos de Hafid.

Erasmo movió la cabeza con un gesto de desaliento, poniéndose de pie.

—Te invito a caminar un poco conmigo, Galeno. Tu compañía y tu sonriente rostro han sido una ayuda inapreciable durante estos días llenos de preocupación.

Muy pronto se encontraron en el lado Norte del ornamentado patio, parados debajo de la arcada formada por los cipreses que resguardaban la tumba de Lisha. Erasmo señaló en dirección a la banca de caoba, diciendo:

—Todas las mañanas, cuando Hafid está en casa, viene a sentarse aquí y charla con Lisha como si ella anduviese cerca, cortando flores. Después se queda dormido. Lo único que le desagradaba de sus giras cuando pronunciaba sus discursos, según me comentaba a menudo, era que echaba mucho de menos esas conversaciones cotidianas con su amada esposa.

—Durante mis paseos, jamás me he aventurado hasta esta parte del patio —manifestó el promotor, al tiempo que seguía caminando en dirección a la elevada bóveda de mármol, mientras Erasmo tomaba asiento en la banca favorita de Hafid—.

—¡Qué rosa más extraordinaria! —exclamó Galeno, arrodillándose de pronto delante del verde arbusto espinoso que gurdaba la única puerta de bronce de la tumba.

—¿Qué puede haber de extraordinario en una rosa blanca? —suspiró Erasmo—. Se encuentra allí porque era la favorita de Lisha. Cuando Hafid muera y

le demos sepultura al lado de ella, me pidió que sembrara un rosal rojo muy cerca del blanco de Lisha.

—¡Erasmo! —exclamó Galeno en voz alta—. ¡Tienes que venir aquí! ¡Ahora mismo!

Extrañado ante la urgencia en la voz de su amigo, el anciano tenedor de libros se puso en pie de un salto y se apresuró a dirigirse hacia donde se encontraba Galeno, sentado en el suelo, boquiabierto y señalando con su temblorosa mano hacia una rosa doble en plena floración.

—¡Mira, Erasmo!

El rosal estaba casi cubierto de rosas blancas, tanto en botón como ya abiertas, pero Galeno señalaba en dirección a una sola rosa.

—No puede ser —sollozó Erasmo, cayendo de rodillas—. ¡No puede ser!

—Pero lo es —gritó Galeno, mientras seguía mirando incrédulo—. ¡Una preciosa rosa roja que ha florecido en un rosal blanco!

—Algo le ha sucedido a Hafid —gimió Erasmo—. Debemos ir a su lado. ¡Ahora mismo!

En menos de una hora, un pequeño carruaje salía apresurado de los establos del palacio y para el mediodía, con Galeno llevando las riendas, habían llegado a las faldas del Monte Hermón. Poco después de iniciado el ascenso, Erasmo consultó su mapa, guiando a Galeno hacia la derecha cuando llegaron a una triple bifurcación en el camino de terracería.

—Allí está —exclamó Galeno, señalando con el látigo hacia el bosquecillo de juníperos rodeado de rocas blancas y arenas arrastradas por el viento. Tan pronto como se adentraron en el bosquecillo, Galeno detuvo la carreta. A sólo unos cuantos codos de distancia se encontraba la carreta de Hafid, con las riendas atadas a un grueso poste cerca del frente de la pequeña casa.

—Aparentemente se está preparando para regresar a Damasco —comentó Erasmo al mismo tiempo que él y Galeno descendían de la carreta—. Con toda seguridad, Hafid ya ha terminado su tarea y ahora volverá a casa. Por lo que parece, nuestras preocupaciones y este viaje fueron en vano.

Galeno llamó a la puerta del frente varias veces, pero no hubo respuesta. Se volvió hacia Erasmo, quien sin el menor titubeo empujó lentamente la puerta, llamando: "¡Hafid! ¡Hafid! ¡Soy Erasmo! ¡Por favor, contéstame!"

No hubo ninguna respuesta. Tan pronto como se encontraron en el interior de la casa, Erasmo vio la amplia mesa para escribir y encima de ella las plumillas y las botellas de tinta. Sobre la mesa había otro objeto familiar.

—¡Mira, aquí está el viejo arcón que Hafid adquirió en Roma!

El arcón estaba abierto y lleno hasta arriba de pergaminos.

—Galeno, como puedes ver, Hafid ha numerado todos estos pergaminos por la parte de afuera. Así es como estaban marcados los otros, los que recibió hace tanto tiempo. Si yo no estuviese al tanto de lo sucedido, juraría estar viendo los mismos pergaminos y el mismo arcón que Pathros entregó a mi amo cuando apenas era un camellero. En verdad que este es un día de milagros.

Erasmo introdujo la mano en el arcón, retirando de su interior el pergamino marcado con el número romano "X", desató el delgado listón de color verde y lentamente desenrolló el pergamino.

—Gracias a Dios —declaró, volteando el pergamino de manera que Galeno pudiese ver la escritura de Hafid—. El amo ha terminado su misión. Este es el pergamino final. Ahora, vayamos en busca del hombre, para que todos podamos regresar a casa. No puede estar muy lejos.

Llamándolo por su nombre, cruzaron la puerta del frente y lentamente caminaron rodeando la casa hasta llegar a la parte de atrás, en donde pudieron ver, por vez primera, el círculo de rocas blancas.

—Allí está —gritó Erasmo— ¡míralo, apoyado contra la roca más grande! Alabado sea Dios. ¡Hafid! ¡Hafid!

Erasmo no podía avanzar con la misma rapidez que su compañero más joven. Para el momento en que llegó al lado de la roca, Galeno ya se había puesto de pie después de permanecer arrodillado y alzó ambas manos al cielo. Las lágrimas corrían por sus mejillas y declaró sollozando:

—Erasmo, nuestro amigo ha muerto. Al fin Hafid ha ido a reunirse con su amada Lisha.

Erasmo gimió, desplomándose hasta el suelo y estrechando contra su pecho el cuerpo sin vida de su amo.

—El cuerpo aún está tibio. Si hubiésemos llegado un poco antes, tal vez habríamos podido salvarlo. Pero murió solo. Eso no es justo. Murió solo. Oh, Hafid, por favor perdóname. Ten piedad de mí por no haber cuidado mejor de tu persona. Te amo. Lamento tanto que hayas muerto solo.

Una cálida brisa sopló de pronto sobre la montaña. Galeno se arrodilló al lado de Erasmo, diciéndole:

—Seca tus lágrimas, mi viejo tenedor de libros. Tu amo no murió solo.

—¿Qué tratas de decirme? —sollozó Erasmo, mientras seguía acariciando la frente de Hafid con un ademán lleno de ternura.

—No murió solo —repitió Galeno—. ¡Mira!

En medio de su profundo dolor y sorpresa, ninguno de ellos se había percatado de que cubriendo los hombros del vendedor más grande del mundo había un manto rojo... un desgastado manto rojo.

Impreso en los talleres de Litográfica Ingramex, S.A. de C.V.
Centeno núm. 162, colonia Granjas Esmeralda, México, D.F.
Impreso y hecho en México – *Printed and made in Mexico*